芝加哥市區地圖

CTA捷運

火車

公路 90

North Avenue Beach
北街沙灘
Peggy Notebaert
Nature Museum
諾柏特自然博物館
Lincoln Park Zoo
林肯公園動物園
Lincoln Park Lagoon
林肯公園淡水湖
Lincoln Park
林肯公園
South Pond
南池
Lake Shore Drive
Diversey
Harbor
Cannon Dr
Stockton Dr
North Pond
北池
Vanille Patisserie
Sedgwick
Sheridan
Clark
Elks Veterans Memorial
厄爾克思退役軍人紀念碑
Lincoln Park Conservatory
林肯公園溫室植物園
Chicago Hi
芝加哥歷史
Broadway
Fullerton
Oz Park
奧茲公園
Armitage
Larrabee
RANCH
TRIANGLE
Orchard
Halsted
Lincoln Ave
LINCOLN
PARK
林肯公園
Wrigley Field
瑞格里球場
Diversey
Willow
Sheffield
Wellington
DePaul University
Clifton
Kinsbury
Wrightwood
Lakewood
Southport
Cortland
Greenview
Ashland
Clybourn Ave
Dominick
Paulina
Webster
Elston Ave
Wolcott
Damen
Toast (Bucktown分店)

個人旅行主張

有人在旅行中享受人生，
有人在進修中順便旅行。
有人隻身前往去認識更多的朋友，
有人跟團出國然後脫隊尋找個人的路線。
有人堅持不重複去玩過的地點，
有人每次出國都去同一個地方。
有人出發前計畫周詳，
有人是去了再說。
這就是面貌多樣的個人旅行。

不論你的選擇是什麼，
一本豐富而實用的旅遊隨身書，
可以讓你的夢想實現，
讓你的度假或出走留下飽滿的回憶。

有行動力的旅行，從太雅出版社開始。

個人旅行 **74**

芝加哥

附：芝加哥大學・西北大學
伊利諾理工學院・聖母大學

CHICAGO

作者◎林云也

太雅出版社

芝加哥

目錄

【芝加哥鐵路之旅】

【芝加哥旅遊黃頁簿】

【全書地圖目錄】

作 者 序

　　一月是一年之始，也是我第一次在芝加哥求學與生活的起點。這座風城最初給我的印象是冷冽的寒風、堆在路邊黑黑的雪塊——我一度懷疑自己為何來到這裡，而隨著時間推移，經歷幾回春夏秋冬，它成了我人生軌跡的一部分，也足以稱為我在地球上的另一個故鄉。

　　若你問我最喜歡它什麼，我會告訴你是它整體的城市樣貌、保存與運用得宜的舊式空間、四季分明的自然景色、各色各樣的展覽和活動，以及充滿活力的人們。芝加哥人常以血液裡傳承著移民祖先刻苦耐勞、善於在逆境中求生存的基因為榮，加上變通性高和源源不絕的創造力，三兩年就會出現新玩意，或是更貼近民眾需求的公共設施與新商店型態，當地政府宣布計畫興建歐海爾機場到市區的「芝加哥高速快車」(Chicago Express)，就是一個好例子。

　　我最常回芝加哥的季節是10月初，這時氣候舒適，常可見轉黃變紅的葉子，還可為馬拉松跑者加油、或參加Open House Chicago等。冬天雖冷，但能體驗歲末年初聖誕節、過年的氣氛；CTA捷運會推出聖誕列車，是期間限定的搭車樂趣。如果你是MLB棒球迷，就可以規畫在4、5月來場棒球之旅，不過春天後母心，這時還有機會降雪或下大雨，每天確認氣象最保險。

　　感謝所有曾經在旅途中伸出熱情雙手的親朋好友，尤其是Byron Yang與戴阿姨、楊叔叔，好友玉真學姐與Denise Chou，一直很照顧我的義方叔叔與Nancy嬸嬸、恩師T.J.，讓我每次的回鄉之旅都滿載美好回憶。最後，無論是什麼原因促成了你的芝加哥之行，希望本書能幫助你做好出發前的準備。

關於作者 ｜ 林云也

　　來自台南安平，常與貓咪喵喵叫的水瓶人。畢業於台灣大學農藝系、伊利諾理工學院食品安全碩士，曾任報社編譯、食品業與製藥業品質管理。

　　曾到芝加哥留學，愛上了它的美麗與自在氛圍，返國後由於未見台灣人編寫的芝加哥旅遊專書，遂向太雅出版社毛遂自薦，出版了個人的第一本小書。由於喜愛可以增廣見聞的翻譯工作，跨入了譯界人生；印象深刻的作品之一，為與人合譯探討動物權的經典書籍《打破牢籠》(Empty Cages)。因太雅出版社總編輯的一句話，加入了編輯的行列，常在紙上與作者們遨遊世界。

(攝影／陳舒鈞)

來自編輯室

使用上要注意的事

出發前，請記得利用書上提供的Data再一次確認

每一個城市都是有生命的，會隨著時間不斷成長，「改變」於是成為不可避免的常態，雖然本書的作者與編輯已經盡力，讓書中呈現最新最完整的資訊，但是，我們仍要提醒本書的讀者，必要的時候，請多利用書中的電話，再次確認相關訊息。

資訊不代表對服務品質的背書

本書作者所提供的飯店、餐廳、商店等等資訊，是作者個人經歷或採訪獲得的資訊，本書作者盡力介紹有特色與價值的旅遊資訊，但是過去有讀者因為店家或機構服務態度不佳，而產生對作者的誤解。敝社申明，「服務」是一種「人為」，作者無法為所有服務生或任何機構的職員背書他們的品行，甚或是費用與服務內容也會隨時間調動，所以，因時因地因人，可能會與作者的體會不同，這也是旅行的特質。

新版與舊版

太雅旅遊書中銷售穩定的書籍，會不斷再版，並利用再版時做修訂。通常修訂時，還會新增餐廳、店家，重新製作專題，所以舊版的經典之作，可能會縮小版面，或是僅以情報簡短附錄。不論我們作何改變，一定考量讀者的利益。

票價震盪現象

越受歡迎的觀光城市，參觀門票和交通票券的價格，越容易調漲，但是調幅不大(例如倫敦)，若到現場後出現跟書中的價格有微小差距，請以平常心接受。

謝謝眾多讀者的來信

過去太雅旅遊書，透過非常多讀者的來信，得知更多的資訊，甚至幫忙修訂，非常感謝你們幫忙的熱心與愛好旅遊的熱情。歡迎讀者將你所知道的變動後訊息，善用我們提供的「線上回函」或是直接寫信來taiya@morningstar.com.tw，讓華文旅遊者在世界各地成為彼此的幫助。

太雅旅行作家俱樂部

如何使用本書

本書精采單元：風情掠影、分區導覽、熱門景點、購物娛樂、美食餐廳、住宿情報、鐵路之旅、旅遊黃頁簿，以及玩家交流、深度特寫等專題報導。多元豐沛的資訊，兼具廣度與深度，一網打盡個人旅行所需。

【風情掠影】

專題彙整芝城400多年的重要歷史，以及它的地理環境；在地人引以為榮的美麗建築、體育賽事、藝文活動，也是旅遊前該認識的重點。這座城市出了哪些名人，以及跟我們生活息息相關的產品？遊逛時可留意哪些特色美食與商品？作者都在風情掠影中為你介紹。

【行程規畫】

提供以天數或主題旅遊為主的行程規畫，讓你的旅行有不同的組合可以搭配。本書包含以市區為主的5日行程：熱門景點一日遊、小熊隊球賽一日遊、建築朝聖一日遊、知性感性一日遊、白襪隊球賽一日遊。

【熱門景點】

芝加哥旅遊景點包羅萬象，從公園、湖濱步道、河濱步道，到博物館、美術館、文化中心、動物園，以及不同時期的經典建築和摩天大樓等，搭配實用的旅遊資訊和作者的精采導覽，讓你深度認識這座城市。

【購物娛樂】

分區介紹特色店家、購物大街、農產市集，讓想購物的你知道該往哪裡去。芝加哥的音樂與表演藝術活動相當熱絡，無論是爵士樂、藍調音樂、舞台劇或Blue Man Show等都有許多優質選擇。

【美食餐廳】

從平民小吃披薩、熱狗、咖啡、甜點、麵包、冰淇淋、精釀啤酒，到經典老店、熱門餐廳、米其林推薦餐廳等都有囊括。

【住宿情報】

因商旅人潮眾多，芝加哥的旅館業也相當興盛。本書在每個分區裡都有住宿情報，提供淡季價格、地點、房型、服務內容的多樣參考。

【深度特寫鏡頭】

在每個分區景點當中，作者會帶出值得深入介紹的事物，讓讀者不只是到此一遊，還能知道該地重要的歷史、典故，或是隱藏版的驚喜。

【旅行小抄】

為讀者設身處地設想，提供實用的小提示；或是該頁景點額外延伸的順路推薦資訊。

【玩家交流】

作者個人經驗分享，提醒讀者要留意的細節、獨特的美感體驗等等。

【知識充電站】

旅行中必知的小常識或延伸閱讀。

【鐵路之旅】

6條地鐵與火車路線，帶你前往市中心以外值得一遊的地區，體驗市井小民的生活環境，欣賞有別於繁華大城的郊區景致，例如歐巴馬總統住過的海德公園、以萊特建築出名的橡樹園，或是占地385公頃的芝加哥植物園等，都不能錯過。

【旅遊黃頁簿】

出發前勤做功課，是個人旅行的不二法門。本書企劃行前準備、機場與交通、消費與購物、日常生活資訊等遊客行程所需，讓行程規畫得更為完整，有效提升事前準備的準確度。

【分區地圖】

每個分區都有搭配詳細的地圖提供讀者索引，羅列書中景點、購物商店、餐廳、住宿，及芝加哥重要車站與地鐵站等位置，只要按圖索驥便能輕鬆找到目的地。

【資訊使用圖例】

✉ 地址	⁉ 注意事項
☎ 電話	ℹ 資訊
⏰ 時間	MAP 地圖位置
休 休息	http 網址
$ 價錢	@ Email
➡ 交通指引	⁾⁾ WiFi
古蹟定位	

【地圖使用圖例】

📷 旅遊景點	✈ 機場	地標
博物館、美術館	Ⓣ 電車站、地鐵站	✚ 醫院
⛪ 教堂	🚌 巴士、巴士站	P 停車場
寺廟	火車站	加油站
◎ 世界遺產	渡輪、碼頭	廁所
購物	纜車	電梯
餐廳	🚗 計程車	電扶梯
☕ 咖啡廳	🚲 自行車	樓梯
🍸 酒吧、夜店	♨ 溫泉	寄物處
🛏 住宿	按摩、SPA	無障礙設施
娛樂、劇院	🚶 步道	匯兌處
	露營區	ℹ 遊客中心
	泳池、海灘	✉ 郵局

【芝加哥交通使用圖例】

| Metra火車 | CTA捷運 | 高速公路 |

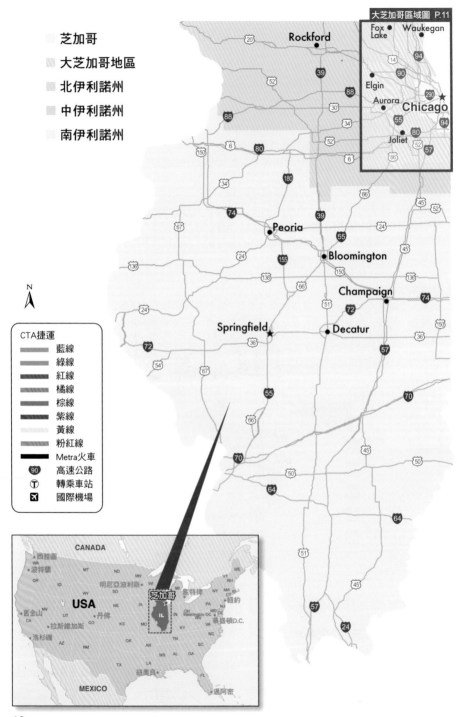

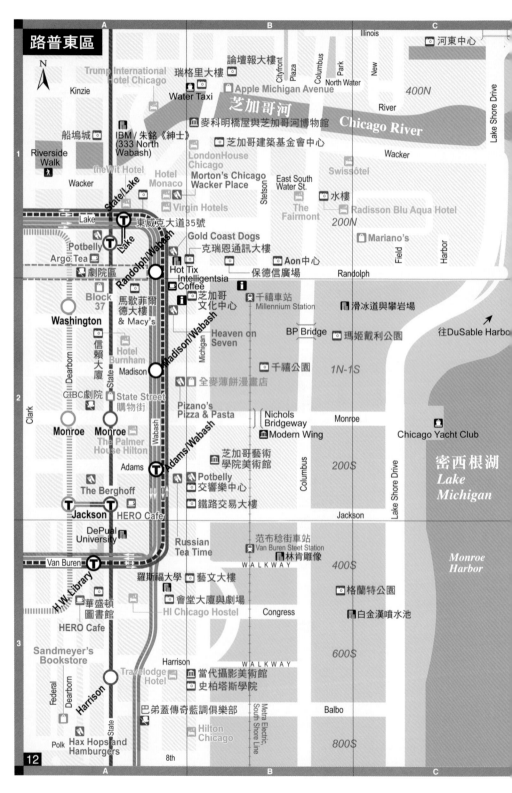

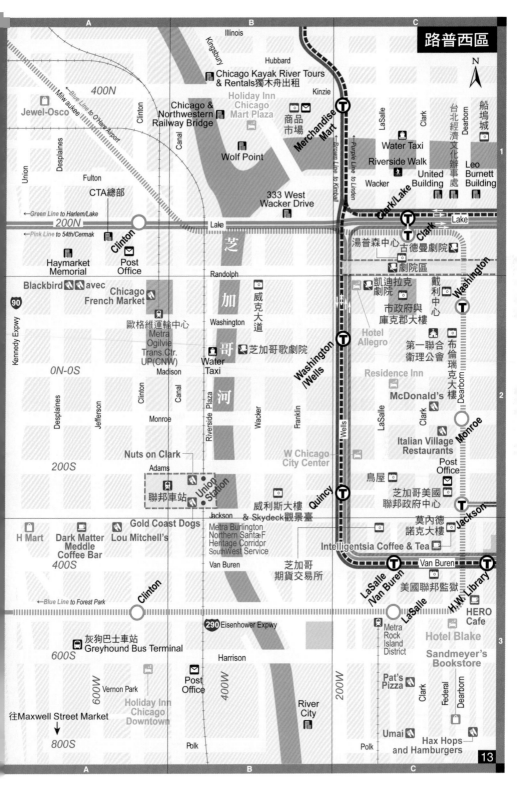

N

Illinois

Kingsbury

Hubbard

400N

Milwaukee

Blue Line to O'Hare Airport

Jewel-Osco

Clinton

Chicago Kayak River Tours & Rentals獨木舟出租

Holiday Inn Chicago Mart Plaza 商品市場

Kinzie

Merchandise Mart

Brown Line to Kimball

Purple Line to Linden

Chicago & Northwestern Railway Bridge

Canal

Wolf Point

LaSalle

Clark

Water Taxi

Riverside Walk

台北經濟文化辦事處

船塢城

Leo Burnett Building

Dearborn

1

Union

Desplaines

Fulton

CTA總部

Clinton

Green Line to Harlem/Lake

200N

Pink Line to 54th/Cermak

Clinton

Post Office

Haymarket Memorial

333 West Wacker Drive

Lake

United Building

Wacker

Clark/Lake

Clark

Lake

湯普森中心 古德曼劇院

劇院區

90

Blackbird avec

Chicago French Market

Randolph

芝加哥河

威克大道

凱迪拉克劇院

市政府與庫克郡大樓

戴利中心

Washington

Kennedy Expwy

歐格維運輸中心 Metra Ogilvie Trans.Ctr. UP(CNW)

Water Taxi

芝加哥歌劇院

Hotel Allegro

第一聯合衛理公會

布倫瑞克大樓

Washington

0N-0S

Madison

Residence Inn

McDonald's

LaSalle

Clark

Dearborn

2

Desplaines

Jefferson

Clinton

Canal

Monroe

Riverside Plaza

Wacker

Washington/Wells

Franklin

Wells

Italian Village Restaurants

Monroe

Post Office

200S

Nuts on Clark

Adams

Union Station

W Chicago City Center

鳥屋

芝加哥美國聯邦政府中心

H Mart

Dark Matter Meddle Coffee Bar

Lou Mitchell's

Gold Coast Dogs

聯邦車站

威利斯大樓 & Skydeck觀景臺

Quincy

莫內德諾克大樓

Jackson

400S

Jackson

Metra Burlington Northern Santa Fe Heritage Corridor SouthWest Service

Van Buren

Intelligentsia Coffee & Tea

芝加哥期貨交易所

LaSalle/Van Buren

美國聯邦監獄

Van Buren

H.W.Library

Clinton

Blue Line to Forest Park

290 Eisenhower Expwy

LaSalle

HERO Cafe

600S

灰狗巴士車站 Greyhound Bus Terminal

Harrison

400W

200W

Metra Rock Island District

Hotel Blake

Sandmeyer's Bookstore

900W

Vernon Park

Post Office

Holiday Inn Chicago Downtown

River City

Pat's Pizza

Clark

Federal

Dearborn

3

往Maxwell Street Market

800S

Polk

Polk

Umai

Hax Hops and Hamburgers

13

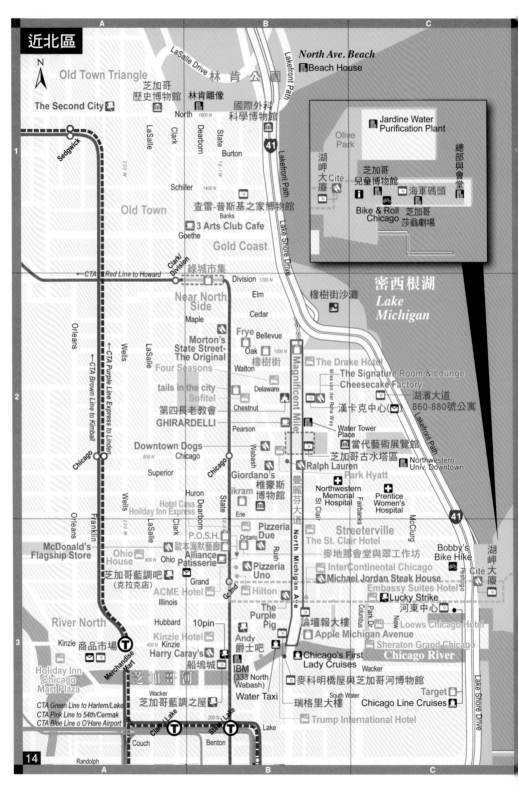

N

Wrigleyville

W Grace

Jeni's Splendid
Ice Creams

W Waveland

Smoke
Daddy
BBQ

瑞格里球場

W Addison St

N Clark

Addison

N Racine

Bittersweet
Pastry
Shop & Cafe

Japanese
Culture
Center

Berlin Club

W Roscoe

Boystown

Lake View

Hutch American Bistro

W Aldine

W Aldine

Chicago Comics

Belmont
Harbor

密西根湖
Lake
Michigan

Dark Matter Coffee ComedySportz
(Osmium Coffee Bar) Chicago
W Barry

弦拉麵

Reckless
Records

Oberwise
冰淇淋

布萊爾街
戲院

W Briar Pl

W Briar Pl

W Barry

Intelligentsia
Coffee & Tea

W Wellington

W Wellington

W Oakdale

Mariano's

Bobtail冰淇淋

W Oakdale

Lake View East

Hotel Versey

W Diversey

W Diversey

Trader Joe's

W Wrightwood Ave

W Wrightwood Ave

W Deming Pl

North
Pond

林

Jonquil Park

W Deming Pl

W Fullerton

Chicago Getaway Hostel

W Arlington Pl

諾柏特自然博物館
綠城市集

肯

公

W Fullerton

W Fullerton

Mid-North District

林肯公園
溫室植物園

DePaul
University

W Belden

W Grant

席勒雕像

園

Toast

W Webster

N Lincoln

Francis
W. Parker
School

**Sheffield
& DePaul**

奧茲公園

Vanille Patisserie

林肯公園動物園

W Dickens

THE TIE BAR

Lincoln Park

W Armitage

Hotel
Lincoln

South
Pond

Armitage-Halsted古蹟區

Paper Source
Chicago Bar Shop

綠城市集

N Clark

芝加哥河

Old Town Triangle

林肯雕像

Alinea

W Willow

芝加哥歷史博物館

W North

W North

N Wells

N LaSalle

Inset (top)

W Byron

南港購物街

Nuts on Clark
總店

W Grace

W Grace

Music Box Theatre

W Waveland

瑞格里球場

N Ashland

N Bosworth

N Greenview

N Janssen

N Southport

N Wayne

N Lakewood

N Seminary

N Kenmore

lululemon

Julius Meinl

W Addison St

N Clark

N Seminary

N Sheffield

Addison

Real Good
Juice Co.

往Amazon Books

W Eddy

W Cornelia

N Racine

電影迷朝聖地

蝙蝠俠 蝙蝠俠有拍到芝加哥期貨交易所(P.85)前的LaSalle Street，這些遊客應該也是因為這樣才站在路中間拍照

變形金剛 密西根大道，《蝙蝠俠》的高譚市亦在此取景。圖為瑞格里大樓的老鐘樓(P.107)

同床異夢 珍妮佛安妮斯頓與文斯范看球賽的地方(瑞格里球場，P.128)

同床異夢 珍妮佛安妮斯頓慢跑的地方(密西根湖濱步道，P.131)

鐵面無私 勞勃狄尼諾所飾演的卡彭(Al Capone)所開設的飯店大廳，就是以羅斯福大學的大廳為景(會堂大廈，P.43)

鐵面無私 緊張刺激的警匪槍戰拍攝場景之一(聯邦車站，P.96)

非法正義 LaSalle Street Bridge，湯姆漢克斯所飾演的殺手Michael Sullivan進入芝加哥市的場景

烈火赤子情 救火隊員的消防局(唐人街，P.170)

圖片提供© City of Chicago-GRC

氣象人 擔任芝加哥氣象播報員的尼可拉斯凱吉，在千禧公園的溜冰場(P.54)陪同女兒溜冰

芝加哥
風情掠影

芝加哥歷史

芝加哥何以名為Chicago？古今有哪些英雄參與它的建設與興起？它有過哪些光榮時刻與天災人禍？簡單的歷史介紹，帶你走進時光隧道，了解芝城的成長歷程。

1.第爾本要塞紀念牌坊／**2.**1865年林肯總統遭暗殺前親自駕駛的馬車，現由史都貝克國家博物館收藏

年分	事件	
1600	美洲原住民(Native Americans)稱呼現今的芝加哥市為「Chigagou」，意即野生大蒜之地(the wild-garlic place)。「Chicago」為日後歐洲人對此地的稱呼	
1673	來自法國的傳教士馬奎特(Jacques Marquette)與探險家朱利耶(Louis Joliet)來到芝加哥，前者成為首位在這裡駐留的歐洲人，後者畫下地圖把此地歸為法國所有	
1682	法國探險家拉賽爾(René-Robert Cavelier Sieur de La Salle)在前往密西西比河口時路經芝加哥，識出此地具有成為重要貿易門戶的潛能	Chigagou
1763	英法七年戰爭(又稱法人與印地安人戰爭)結束，英國取得包括芝加哥在內、密西西比河以東的北美大陸主權	
1776	7月4日美國宣布獨立宣言	
1778	出身於維吉尼亞州的美國軍官克拉克(George Rogers Clark)擊退英軍，取得包括芝加哥在內五大湖區的領土主權。維吉尼亞州宣布密西西比河沿岸土地為伊利諾郡(County of Illinois)	
1779	來自於海地、擁有非洲與法國血統的皮毛商杜塞保(Jean Baptiste Point DuSable)在芝加哥河口建立住所與家庭，他擁有農地與商棧，是第一位定居者	杜塞保雕像
1784	維吉尼亞州將伊利諾郡割讓給美國作為革命戰爭的債務抵押，此時郡內的白人移民約1,000人	
1803	美軍在芝加哥河口建立第爾本要塞(Fort Dearborn)防禦英國人	
1812	受到1811年美軍與原住民之間蒂皮卡諾戰役(Battle of Tippecanoe)的影響，第爾本要塞居民於撤離時也遭到攻擊，造成53人死亡。此後4年沒有白人住在芝加哥	
1816	美軍重建第爾本要塞對抗原住民。皮毛交易為芝加哥的主要商業活動直至1835年	
1818	12月3日伊利諾成為美國聯邦第二十一州	
1830	亞伯拉罕林肯(Abraham Lincoln)自印第安那州搬至伊利諾州馬康郡(Macon County)	
1831	伊利諾州議會在州內劃分出庫克郡(Cook County)，並設芝加哥為郡政府所在地	庫克郡徽章
1832	白人因土地問題與原住民發生黑鷹戰役(Black Hawk War)，戰敗的原住民與美國簽訂不平等條約，促使其遷移至密西西比河以西	
1833	8月芝加哥升格為鎮(Town of Chicago)，人口近350人，以Kinzie、DesPlaines、State與Madison Street為邊界。芝加哥民主黨人報(Chicago Democrat)成為第一份報紙	

About Chicago

20

年分	事件
1837	3月4日芝加哥以4,170人升格為市(City of Chicago)。歐格登(William Butler Ogden)當選第一任市長,致力開發土地、運河與鐵路。投機者利用買賣土地獲取暴利,促使美國總統傑克森(Andrew Jackson)頒布必須使用銀或黃金買賣公有地的命令,此舉帶來1839~1842年一波經濟蕭條
1847	小麥收割機發明者麥科明(Cyrus McCormick)把工廠自維吉尼亞遷至芝加哥,收割機顯著提高農民種植小麥的意願,也將芝加哥推升為重要產糧區。6月10日芝加哥論壇報(Chicago Tribune)創立
1848	96英哩的伊利諾與密西根運河(Illinois and Michigan Canal)經過12年完工,芝加哥成為美國水路運輸的主要城市之一。芝加哥交易所(Chicago Board of Trade)成立,為穀物與牲畜交易建立平台,日後並衍生出期貨市場。此時,城市居民大多是來自美東的英裔美國人(Anglo-American),也有愛爾蘭、德國、瑞典與挪威的移民
1854	城市排放的廢水經芝加哥河流入密西根湖,污染了飲用水源,也因此常有居民感染霍亂喪生
1855	11月5日西北大學(Northwestern University)開學
1856	芝加哥歷史協會(Chicago Historical Society)成立
1857	完備的鐵路網絡使芝加哥超越聖路易(St. Louis)成為美國東部與西部鐵路交通的必經樞紐,帶動人口與經濟的發展 芝加哥歷史協會
1860	共和黨在芝加哥舉行會員大會,提名伊利諾州律師林肯為總統候選人;林肯以限制奴隸制度擴張為訴求,贏得選舉
1861	南北內戰爆發,帶動糧食需求,使芝加哥肉類市場規模漸大,日後並有「豬肉／牛肉中心都市(Porkopolis / Beefopolis)」的暱稱
1864	普爾曼(George Pullman)於芝加哥設計出豪華舒適的鐵路臥車(Sleeping Car),他的姓氏也成為臥車的英文單字pullman。在此之前他從事的房屋架高工程也對芝加哥貢獻良多
1865	4月14日林肯總統於南軍投降後在華盛頓福特戲院遭槍殺,次日身亡。普爾曼提供臥車護送總統遺體回到伊利諾州,打開知名度並使事業蒸蒸日上。12月25日芝加哥聯合牲畜圍欄場(Union Stock Yards)開幕,以工業化的分工執行大量的牲畜屠宰
1870	賀伯特(William Hulbert)出資成立芝加哥白長襪隊球隊(White Stockings),是小熊隊(Cubs)的最前身。賀伯特與其他7名球隊老闆於1876年創立職棒國家聯盟(National League),並擔任聯盟主席
1871	10月8日「芝加哥大火」於晚間9點發生,火源自西南邊向北延燒約1,688英畝,直至10日早上才結束,造成約300人死亡、9萬人無家可歸、2億美元損失。芝加哥浴火重生,於兩年內完成重建,朝現代化工商大城邁進
1872	蒙哥馬利沃德(Aaron Montgomery Ward)於芝加哥創立大型郵購事業,標榜「保證滿意」,其郵購目錄從1874年的8頁擴大到1890年的540頁;左圖為當時的蒙哥馬利沃德公司大樓。日後,希爾斯公司(Sears, Roebuck & Co.)也加入郵購市場
1873	芝加哥市立圖書館在市民捐贈8千多冊書籍下成立,並收到來自維多利亞女王與英國國民的贈書;右圖為華盛頓圖書館典藏的英國贈書致謝函
1879	哈金森(Charles L. Hutchinson)等人創辦芝加哥藝術學院(Art Institute of Chicago)
1880	馬歇菲爾德百貨公司(Marshall Field's & Company)成立,公司口號為「滿足女士的需求」,率先提供送貨到家、不滿意包退的百貨業服務
1885	堅尼(William Le Baron Jenney)在LaSalle Street以全金屬骨架建造全球第一棟摩天高樓Home Insurance Building(9層樓,已拆除)
1886	勞工要求麥科明(Cyrus McCormick)提高薪資並把工作時數由每日12~14小時調整為每日8小時,但未獲得回應,民眾與警察於5月4日在乾草廣場(Haymarket Square)爆發衝突並造成死傷。乾草市場事件(Haymarket Event)也成為日後國際勞工節(International Workers' Day, 又稱May Day)的由來 乾草市場事件紀念碑

年分	事件
1887	萊特(Frank Lloyd Wright)自威斯康辛州來到芝加哥，首先在希斯比(Joseph Lyman Silsbee)建築事務所上班，之後進入蘇利文(Louis Sullivan)和愛德勒(Dankmar Adler)事務所，成為蘇利文的學徒，直到1893年才自立門戶開業；右圖為雕刻在萊特自宅與工作室石壁上的招牌
1889	珍亞當斯(Jane Addams)與愛倫史塔(Ellen Gates Starr)於芝加哥設立協助移民與窮人融入美國社會的社福之家Hull-House。亞當斯一生為下層階級福祉與革新運動發聲，1931年獲得諾貝爾和平獎
1890	蒙哥馬利沃德(Aaron Montgomery Ward)基於湖岸區本為公共空間的規畫與芝加哥市進行訴訟，最後在1909年獲伊利諾最高法院支持，為城市保留住開放、乾淨、不受建築物阻擋的湖光美景
	Hull-House
1891	7月1日芝加哥大學(University of Chicago)成立。10月16日芝加哥交響樂團舉行第一場演奏會
1892	芝加哥市區高架快速鐵路首度營運 　　　　　　　　　　　　　　　　　　蒙哥馬利沃德雕像
1893	5月1日~10月30日舉行世界哥倫布博覽會，參觀人次約2,750萬。建築師柏翰(Daniel Burnham)將會場設計成潔白、宏偉的理想世界，因此被稱為白城(the White City)。摩天輪在博覽會中出現，設計者是費里斯(George Washington Gale Ferris)。碩果僅存的博覽會場館為現今的「科學與工業博物館」和「藝術學院美術館」
1899	7月21日海明威(Ernest Hemingway)在橡樹園(Oak Park)出生，他於1954年獲得諾貝爾文學獎
1900	芝加哥河南支運河Sanitary and Ship Canal完成，從此改變芝加哥河流向。水自密西根湖注入芝加哥河，帶走城市排放的污水，也降低湖水受污染的機會
1901	芝加哥白襪隊(White Sox)加入大聯盟，展開第一個球季
1905	扶輪社在芝加哥成立。歐姬芙(Georgia O' keeffe)進入芝加哥藝術學院就讀
1906	白襪隊與小熊隊首度在大聯盟世界冠軍賽中交鋒，白襪以4勝2敗的成績拿下冠軍 　　歐姬芙作品
1907	芝加哥大學物理學家麥可森(Albert Abraham Michelson)成為首位獲得諾貝爾物理學獎的美國人。小熊隊4連勝底特律老虎隊獲得首座世界冠軍
1909	柏翰完成都市計畫藍圖《Plan of Chicago》。他於3年後逝世，該計畫也因而未實現
1914	威格曼球場(Weeghman Park)落成，於1926年改名為瑞格里球場(Wrigley Field)。第一次世界大戰爆發，歐美交通受到限制，使此時芝加哥的歐洲新移民人數減少。黑人大舉從美國南方往北方遷移，尋找新的生活，人口逐年在芝加哥增多，但大多居住在城市南邊的黑帶區(Black Belt Area)
1915	汽船東陸號(Eastland)在芝加哥河翻覆，造成822名乘客喪生
1920	密西根大道橋(Michigan Avenue Bridge)開通。美式足球隊芝加哥熊隊(Bears)成立。美國進入「禁酒令」時期，禁止生產、銷售與飲酒。酒業成為黑幫所掌控的地下生意。此時期芝加哥幫派活動猖獗，以卡彭(Al Capone)為首的組織最為惡名昭彰
1922	爵士樂手路易斯阿姆斯壯(Louis Armstrong)抵達芝加哥，在以爵士樂與跳舞聞名的黑人娛樂區(位於State Street，31街到39街之間)表演
1927	芝加哥市立機場(Municipal Airport)落成，是為中途機場(Midway Airport)的前身
1929	雪德水族館(Shedd Aquarium)落成，出資者是馬歇菲爾德百貨公司總裁約翰雪德(John Graves Shedd)。美國股市大跌，經濟大蕭條(the Great Depression)開始
1930	艾德勒天文館(Adler Planetarium)落成
1931	卡彭(Al Capone)遭芝加哥聯邦法院以逃稅罪判刑入獄。「禁酒令」於1933年終止 　　雪德水族館
1933	芝加哥舉辦百年演進博覽會(Century of Progress Exposition)，慶祝芝加哥市成立百年並再次向世人展示實力
1937	沿湖南北快速道路Leif Erickson Drive啟用，1946年改名為湖濱大道(Lake Shore Drive)，簡稱the Drive)。密斯(Ludwig Mies van der Rohe)自德國來到美國，1938~1958年擔任伊利諾理工學院(Illinois Institute of Technology)建築系系主任，並設計出許多知名建築

年分	事件
1939	第二次世界大戰爆發，直到1945年才結束。戰爭期間的物資需求使得工作機會增加，美國經濟得以從蕭條中解套，芝加哥的工業與製造業也投入大量資金興建廠房
1942	12月2日諾貝爾獎得主、義大利物理學家費米(Enrico Fermi)在芝加哥大學運動場Stagg Field完成全球第一個核分裂連鎖反應。他日後也成為物理學家李政道的指導教授
1943	State Street地下鐵(現今CTA紅線)啟用
1948	芝加哥太陽時報(Chicago Sun-Times)由Chicago Sun與Chicago Evening Times合併成立
1950	芝加哥人口達3,620,962人，為全美僅次紐約市的第二大城

芝加哥大學內的核能雕塑品

年分	事件
1955	愛爾蘭裔、出生於芝加哥橋港(Bridgeport)的戴利(Richard J. Daley)首度當選芝加哥市長，致力改善公共建設、活化路普區、興建大樓並創造就業機會等，芝城在他21年市長任期中被評論為「有作為的城市(the City that Works)」。出身於橡樹園的雷克洛克(Ray Kroc)於芝加哥郊區Des Plaines開設第一家麥當勞餐廳
1958	歐海爾國際機場(O'Hare International Airport)啟用
1966	職業籃球隊芝加哥公牛隊(Bulls)成立

芝加哥公牛隊Logo　　　反戴利的抗議海報

年分	事件
1968	民主黨全國代表大會在芝加哥舉行，嬉皮等反越戰青年也集結在格蘭特公園，警方為驅離抗議者引發嚴重衝突，輿論譁然，戴利的鐵腕作風被批評與時代脫勾，此事件也被稱為芝加哥戰役(Battle of Chicago)
1970	漢卡克中心(Hancock Center)完工，4年後希爾斯大樓(Sears Tower)完工，兩者都是有設置觀景臺的超高摩天大樓
1976	戴利因心臟病在第六任任期逝世，全國政界人物紛紛出席葬禮，成千上萬的市民也沿街送這位芝城頭家(Boss of Chicago)最後一程
1983	畢業於西北大學法律系的哈洛德華盛頓(Harold Washington)成為芝加哥首位黑人市長，府會間的種族情結使其在上任4年半後才鞏固權力。他於1987年底突然逝世

哈洛德華盛頓

年分	事件
1984	籃球員麥可喬丹(Michael Jordan)加入公牛隊
1989	前市長戴利之子Richard M. Daley當選市長，提昇城市管理效能，也更加照顧不同族群，他於1997年榮獲美國年度市政領袖獎章(Municipal Leader of the Year)
1991	公牛隊贏得第一座NBA總冠軍。華盛頓圖書館(Harold Washington Library Center)啟用
1992	4月13日發生「芝加哥大水災」，上漲噸的河水流入市中心地底一條47英哩長的廢棄隧道，沿途大樓地下室淹水，造成電力、天然氣、交易所與交通等停擺，損失至少10億美元。巴拉克歐巴馬(Barack Hussein Obama)與妻子蜜雪兒定居芝加哥，4年後當選伊利諾州議員
1997	熊隊成為NFL史上第一個贏得600場勝利的球隊
1998	公牛隊贏得第六座NBA總冠軍，喬丹、傑克森(Phil Jackson)等人揮別芝城，公牛王朝結束

芝加哥熊隊運動衫

年分	事件
2003	小熊隊自1908年後首度拿下國聯中央區冠軍
2005	白襪隊贏得美國職棒世界冠軍
2008	11月4日歐巴馬於格蘭特公園宣布當選第44屆美國總統，他於4年後成功連任，是美國歷史上首位黑人總統
2012	5月芝加哥交響樂團與名作曲家兼指揮威廉斯(John Williams)合作錄製電影《林肯》配樂。第35屆芝加哥馬拉松完成比賽的人數37,455，創歷年紀錄
2016	小熊隊打破「山羊魔咒」贏得美國職棒世界冠軍
2018	林肯公園動物園成立150週年

ⓒ 2016 world champions

小熊隊2016冠軍盃(複製品)與表示勝利(Win)的W旗幟

芝加哥地理

位於北緯41.8781度，與紐約、札幌的緯度相近。緊鄰密西根湖、又有河川流經的水路條件，是促成芝加哥城市興起的重要因素。

1

　美國大陸分為東北部(Northeast)、中西部(Midwest)、西部(West)以及南部(South)4大塊。中西部包括伊利諾州(Illinois)、印第安那州(Indiana)、愛荷華州(Iowa)、堪薩斯州(Kansas)等12州，芝加哥(Chicago)就位於伊利諾州東北角，是這12州當中商業最發達、人口最多的城市。

　伊利諾州南北狹長，土地曾在冰河時期遭受刻蝕與夷平，故地形以平原居多，最高點也僅止於西北郊1,235英呎高(約377公尺)的查爾斯丘(Charles Mound)，因此有著「草原州」(Prairie State)的稱呼。由於它也是林肯總統21歲後的主要居住地，所以也自居為「林肯之地」(Land of

Lincoln)。與其接壤的州，由北邊開始逆時針依序有：威斯康辛州(Wisconsin)、愛荷華州、密蘇里州(Missouri)、肯塔基州(Kentucky)、印第安那州，東北側則鄰密西根湖(Lake Michigan)，與密西根州(Michigan)隔湖相望。

　密西根湖是北美五大湖之一，另有安大略湖(Lake Ontario)、伊利湖(Lake Erie)、休倫湖(Lake Huron)、蘇比利湖(Lake Superior)，也是芝加哥的重要飲用水源。十九世紀中，人類活動所產生的廢水沿著芝加哥河流入湖水造成污染，使得居民的健康與生命大受威脅。為此，工程師們在芝加哥河南支規畫了一條兼具改善水質與航運功能的運河(Sanitary and Ship

2

Canal)，運河在1900年完工，從此芝加哥河流向變成由東向西南。

芝城面積227平方英哩(約588.8平方公里)，相當於台北市的2倍大(台北市面積約271.8平方公里)。2018年人口估計約為268萬人，比同年台北市約多1萬人，但若與美國前二大城紐約(858萬多人)、洛杉磯(403萬多人)相比，仍相對為少。除白人之外，非拉丁裔黑人與非拉丁裔白人是兩大族群，拉丁美洲人緊追在後，亞洲人排名第四。

❸

❹

1.得天獨厚的地理位置與環境使芝加哥成為美國中西部最繁榮的城市／**2.**芝加哥市旗，簡潔扼要地圖繪出這個城市的形貌與歷史。白色部分代表了芝加哥北、西、南三大地理區。穿插的藍色條紋意示芝加哥河南北兩大支流。四顆星代表了四大歷史事件：1812年第爾本要塞大屠殺、1871年芝加哥大火、1893年主辦世界博覽會(擊敗紐約取得舉辦權，城市建設因此漸趨完善)、以及1933年為慶祝建城100週年所舉辦的百年演進博覽會／**3.**路普西區ATLA大樓以城市地圖作為裝飾／**4.**芝加哥位在密西根湖西南邊，故有「濱湖城市」(City by the Lake)一稱，有人把廣大的湖比喻為海，因此也有「濱海城市」一說。圖中綿延的公路為Lake Shore Drive

全美最佳建築城市

世界旅人來到芝城，絕不會錯過欣賞建築。從古典的哥德式、在地的芝加哥學派，到草原學派、國際樣式，建築師無不卯足全勁求新求變。

1　2

3

　　芝加哥建築之美早已是舉世公認的事實，這裡的摩天樓櫛比鱗次地與大自然共同譜出一首和諧的樂章，也難怪會被美國建築師協會推舉為「全美最佳建築城市」。

　　芝加哥的建築會發展到今天這樣璀璨的地步，要回溯到1871年的那場「芝加哥大火」。1871年10月8日，一場無名火(據說是因為牛踢倒了油燈)從12街與Halsted Street一路往北竄燒到Fullerton Avenue，大火在兩天內燒毀了大半個芝加哥市，不過卻也燒出了一個嶄新的未來。災後大量的房舍需求讓建築業蓬勃發展，無數新生代的建築師懷抱著理想到此投石問路，芝加哥的建築之光於是乎悄悄地點燃了──無論在形式上或技術上。

　　眾多建築師之中，首推堅尼(William Le Baron Jenney)，他不但是「現代摩天樓之父」(為第一位採用鐵與鋼的骨架構築起樓房的人)，也是許多名建築師的導師，包括以「不做小計畫」(Make no little plan)的壯志替芝加哥擬出完整都市計畫藍圖《Plan of Chicago》的柏翰(Daniel Hudson Burnham)、對於推動摩天樓與芝加哥建築學派(Chicago School)興起有功的侯拉柏(William Holabird)與合夥人羅許(Martin Roche)，以及把自然跟美學融入設計中的建築師蘇利文(Louis Henry Sullivan)等人都曾是堅尼的門徒。而來自紐約的路特(John Wellborn Root)也與柏翰合作，蓋出了信賴大廈等經典之作。

進入二十世紀之後，曾為蘇利文工作，受其影響很深的萊特(Frank Lloyd Wright)，以及密斯凡德羅(Ludwig Mies van der Rohe)是兩位風格南轅北轍卻又都在芝加哥打響名號的大師。這些建築師的存在不僅改變了芝加哥的天際線，也對後起之秀起了相當大的示範作用，並且間接地提升了芝加哥市民對建築的品味以及維護的意識。近年來，建築師的影響力延及公共空間，為芝城帶來許多令人驚豔的設計。

1、2.芝加哥因為有太多建築大師的優秀作品，使得後起之秀也不敢馬虎，良性循環之下，成就了摩登又獨特的天際線／3.IBM大樓，密斯設計／4.IIT學生中心的密斯頭像拼畫／5.William Le Baron Jenney／6.Louis H. Sullivan／7.柏翰公司設計的費雪大廈(Fisher Building)，擁有凸肚窗與哥德式風格的細緻外觀／8.芝加哥大學圖書館／9.市府1樓走廊，可自由參觀／10.動物園自然步道涼亭，深受民眾喜愛

體育氣氛濃厚的城市

芝加哥的體育賽事，不分四季都很熱鬧，無論是觀看職業賽，或是親自報名參加業餘比賽，你會發現都是一種享受。

1

體育活動是活潑芝城的重要因子。觀察居民的生活，不難發現就算是尚還天寒料峭的4月，只要不下雪，就已經有人樂得裹著大衣騎腳踏車上班了；湖濱大道(Lake Shore Drive)沿途總有人在跑步，大多看來都已鍛鍊出一身好體格；到了職業隊伍比賽的日子，球場周圍的交通往往陷入膠著(儘管警察很努力的在維持秩序)，捷運裡球迷的討論聲此起彼落，連外來客也可以感受他們的熱情。

赫赫有名的芝加哥職業運動隊伍，包括曾經在1990年代勇奪6次NBA冠軍、締造「公牛王朝」的公牛隊(Bulls)，如今在球團主場聯合中心(United Center)仍可見到

3

2

一尊麥可喬丹空中飛人的雕像。職棒國家聯盟的小熊隊(Cubs)與美國聯盟的白襪隊(White Sox)是兩支老隊伍，白襪隊於2005年擊敗休士頓太空人隊拿下睽違88年的世界冠軍，而小熊隊自1908年後一直與世界冠軍無緣，但球迷始終不背不離，忠誠度堪稱全美第一。黃天不負苦心人，2016年小熊隊拿到國聯冠軍，與美聯冠軍印地安人隊進行生死戰，第7戰打了5個多小時，直到第10局延長賽拿下超前分，最終以8:7光榮得勝，令全城陷入狂喜。除此之

外，還有職業美式足球熊隊(Bears)，以及2015年獲得第六座史坦利杯冠軍的職業冰上曲棍球黑鷹隊(Blackhawks)等。

事實上一個城市運動風氣的養成並非易事，但在芝加哥，我們看到了學校教育讓孩子從小養成接觸戶外與運動的習慣、球團與企業對於賽事經營的用心，以及市政府對於打造運動環境的重視(例如每年5月底的湖濱大道漫騎日Bike the Drive，就是一個可以全民免費參與的活動)。或許，在芝加哥走走看看的同時，你會發現自己體內的運動因子也在怦怦然地跳著。

1.湖濱步道是市民運動的好去處／2.公牛隊隊徽／3.公牛隊在喬丹時期是全球籃球迷目光的焦點／4.熊隊軍人球場滿坑滿谷的足球迷(圖片提供© City of Chicago-GRC)／5.小學生開心地與小熊隊吉祥物合照／6.芝加哥小熊隊的午間球賽，非假日一樣人潮眾多／7.小熊隊在2016年贏得睽違以久的世界大賽冠軍，話題十足，也成為球隊繼續締造佳績的動力。圖為供民眾參觀的冠軍盃複製品／8.刻有白襪隊歷屆世界冠軍的紀念磚／9.芝城居民對運動賽事相當投入(圖片提供© City of Chicago-GRC)

29

★★★★

繽紛藝文

你愛聽音樂、看展覽，還是欣賞公共藝術？
芝加哥是藝文愛好者的沃土，各式活動應有盡有，打開眼界也豐富了心靈。

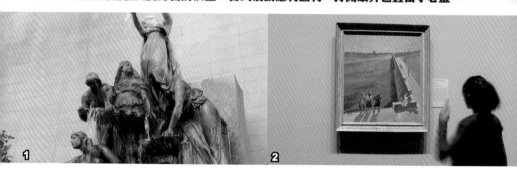

芝城的藝文活動多元，無論靜態展覽，或是動態演出，都有很多優質選擇，有些還可免費餐觀或參加。

芝加哥藝術學院美術館是全美Top 10美術館之一，這個成立於19世紀末的機構占地廣闊，收藏了不少歐洲中古世紀及印象派名作，而美國畫家作品、建築師設計品與現代工藝品也很豐富，還有難得一見的歐、亞古文物等，時間允許的話，花一整天泡在裡面都很值得。

離藝術學院美術館不遠的芝加哥文化中心，是另一個令市民與遊客都稱好的公共場所，建築物的美麗內裝是吸引遊客的主因之一，如果時間搭配得上，還能免費欣賞一場精采現場音樂演出。

過了密西根大道往千禧公園，這裡除了

About Chicago

30

有「雲門」(Cloud Gate)等著名公共藝術品，波音藝廊也常定期更新展出品，普立茲克舞台更是舉辦夏季表演活動的熱門場所。

談起表演活動，市區裡擁有歌劇院、歌舞劇院、戲劇院，還有享譽全球的芝加哥交響樂團。爵士與藍調音樂是許多人到城裡一定會看的演出，CTA捷運紅線上就有多家知名俱樂部，從南到北如Harrison站的Buddy Guy's、Jazz ShowCase，Grand站的Andy's、House of Blues、Blue Chicago on Clark，或是Lawrence站的The Green Mill(網址greenmilljazz.com)，常常都是人聲鼎沸。若想跟廣大群眾一起在戶外high音樂，拉維尼亞音樂祭、藍調音樂祭、福音音樂祭、爵士音樂祭等能給你最棒的體驗。

深受建築迷喜愛的Open House Chicago是每年10月的重大盛事，活動完全免費，兩百多棟建築、機構、教堂、政府空間等免費開放參觀，不管是熱門或冷門景點，看了一定都會讓人大開眼界，對芝城留下更深刻的印象。

1、2.藝術學院裡裡外外都是藝術瑰寶／3.千禧公園讓民眾在輕鬆遊憩之餘，也能欣賞前衛創作／4.路普區有多家劇院，圖為凱迪拉克劇院／5.爵士音樂祭(圖片提供© City of Chicago-GRC)／6、7.芝加哥文化中心遊客如織。圖為著名的普利斯頓‧布瑞德列廳

Made in 芝加哥

芝加哥產業影響力無遠弗屆，我們生活中各個層面幾乎都有來自這裡的商品。
出生或成名於當地的名人也很多，相信你都聽過。

臨湖、畔河、居美國地理中心的優點，讓芝加哥備齊成為大城的條件，也吸引了無數的移民者來此尋找新生活。自1837年組織為市之後，芝城人口由3,000人成長到1870年的30萬人、1890年的100萬人，直到1940年後逐漸穩定在300萬人口上下。

人群帶來的是創意與商機。而芝加哥商人的影響力不但引領城市產業走向多元化的道路，也讓其他地區的人成為他們的消費者。目前來自芝加哥的知名商品有——箭牌口香糖、麥當勞、Sara Lee糕點、芝加哥式厚片披薩（Deep Dish Pizza）、芝加哥式熱狗、帶給全球男

士歡樂與幻想的花花公子雜誌（Playboy）、Hyatt凱悅飯店，以及知名保養品牌H2O＋等等。

與芝加哥有關的名人也不少，當紅者首推在擔任美國總統前，曾長期在此定居的歐巴馬（Barack Hussein Obama）。成立超過50年的芝加哥樂團（Chicago the Band）是由在此地結識的帕拉薩伊德（Walt Parazaider）等人所組成。搖擺樂之王古德曼（Benny Goodman）、文豪海明威（Ernest Miller Hemingway）誕生於此。藝人歐普拉（Oprah Winfrey）因在芝加哥主持脫口秀一炮而紅。還有爵士樂手阿姆斯壯（Louis Armstrong）、歌手納金高（Nat King Cole）、藍調傳奇瓦特斯（Muddy Waters）、巴弟蓋

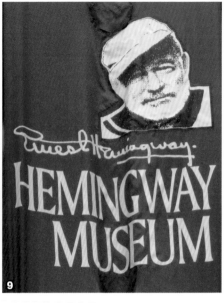

(Buddy Guy)以及指揮大師蕭提爵士(Sir Georg Solti)等,都曾在芝城寫下一頁輝煌的歷史。

在大螢幕上,以芝加哥為背景拍攝的知名電影包括了《鐵面無私》、《翹課天才》、《保送入學》、《小鬼當家》、《烈火赤子情》、《二見鍾情》、《新娘不是我》、《男人百分百》、《芝加哥》、《我的希臘婚禮》、《機械戰警》、《來跳舞吧》、《氣象人》、《跳躍時空的情書》、《蝙蝠俠》、《變形金剛》以及影集《急診室的春天》、《芝加

哥烈焰》等。除了城市特色容易獲得片組青睞外,州政府所推出的30%扣抵稅額優惠,以及旗下影片部門(Illinois Film Office)的大力推廣也是重要功臣。所以,別再以為與芝加哥不熟,其實它早已存在你我的生活中。

1.歐巴馬總統卸任後舊受到芝加哥人支持/2.有「芝加哥藍調之王」美譽的瓦特斯本名McKinley Morganfield,出生自密西西比河三角洲佃農之家的他,最後在芝城名留青史/3.箭牌口香糖是台灣家喻戶曉的品牌/4.凱悅飯店由來自俄羅斯的Pritzker家族創辦(圖片拍攝自芝加哥歷史博物館,©Robert A. Pritzker)/5.巴弟蓋經營的藍調俱樂部,很受樂迷喜歡/6.瓦特斯與滾石合唱團的演唱會專輯封面/7、8.保齡球品牌Burnswick與戶外烤肉爐Weber Grill都創立於芝加哥/9.海明威離開家鄉後足跡遍及歐、亞、非,把旅行與寫作結合,堪稱樂活旅人表率/10.這張芝加哥歷史博物館繪製的地圖,可看到早期南方黑人北遷的路徑,以及他們在沿途城市留下的音樂類型/11.芝加哥合唱團創作了不少經典歌曲

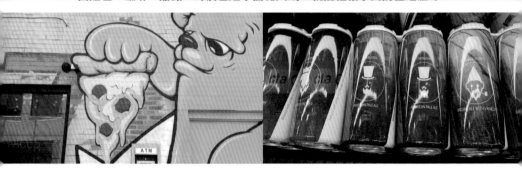

★★★★
芝加哥美食

厚片披薩、芝加哥式熱狗是大家耳熟能詳的代表性食物，
而麵包、咖啡、甜點、啤酒也是不需花大錢，就能輕鬆享受的在地滋味。

厚片披薩
(Deep Dish Pizza)

　　最負盛名的在地美食，帶有甜味與厚度的香酥餅皮最能讓人留下深刻印象。烘烤耗時，如有確定用餐時間，可以打電話請店家預做。PEQUOD's Pizza以大人味的半焦餅皮深受好評，較容易在市區吃到的則有Pizzeria Uno(見P.146)、Pizano's(見P.77)、Giordano's、Lou Malnati's。

PEQUOD's http pequodspizza.com
Giordano's http www.giordanos.com
Lou Malnati's http www.loumalnatis.com

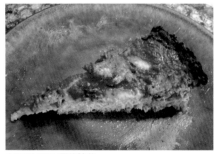
▲PEQUOD's厚片披薩

芝加哥式熱狗
(Chicago Style Hot Dogs)

　　如果到了芝加哥，卻錯過芝加哥式熱狗，那就好比觀光客來台灣卻沒吃到滷肉飯一樣可惜。選擇店家時要認明使用的是唯安納熱狗(Vienna Hot Dogs)，因為這家公司就是原創者喔！市區店家有Downtown Dogs(見P.145)、Gold Coast Dogs(見P.100)、Kim & Carlo's(見P.163)，位於西北郊的Superdawg則是連大廚都推薦的特殊店家。

Superdawg
http www.superdawg.com

(圖片提供© City of Chicago-GRC)

About Chicago

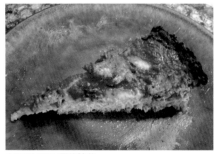

34

薄片披薩
(Thin Crust Pizza)

許多人認為薄片披薩才是真正的披薩，而多數的披薩店家也都薄、厚皆供應，所

(圖片提供© Home Run Inn)

以都可嘗試。而Home Run Inn是以薄片披薩聞名的餐廳，食材講求自然簡單，自1971年後逐步擴張，冷凍披薩也進軍全美超市。在專賣店可吃到特製披薩如Nick's Super和The 1947，菜色多樣的Lunch Buffet也頗受歡迎。

Home Run Inn http www.homeruninnpizza.com

咖啡 & 茶
(Coffee & Tea)

人們對咖啡與茶的需求一直都在，也因此城裡每隔一陣子就會出現新品牌。除了已經很有口碑的Intelligentsia(見P.101、153)，近年很夯的在地咖啡店家有Dark Matter Coffee(見P.209)和HERO Cafe(見P.77)。茶則以Argo Tea最知名(見P.79)。

▲Dark Matter Coffee The Mothership分店和清爽的冰黑咖啡

麵包 & 甜點
(Bread & Sweet)

市中心裡以賣三明治的店居多，要買麵包的話通常是往超市找。市中心外常有老牌麵包店，例如南郊海德公園的Medici(見P.190)、橡樹園的Prairie Bread Kitchen，湖景區的Dinkel's(見P.213)。想吃小糕點或馬卡龍，Vanille(見P.103)、Alliance(見P.147)或Bittersweet Pastry Shop & Cafe(見P.209)都風評不錯。

▶Prairie Bread Kitchen位於綠線Oak Park站北側

Prairie Bread Kitchen
http www.prairiebreadkitchen.com

精釀啤酒
(Craft Beer)

芝加哥是全美有名的精釀啤酒產地，從1988年在林肯公園起家的Goose Island Company，到設廠在洛根廣場(Logan Square)的Revolution、Off Color，以及Half Acre、Two Brothers等都是不錯的品牌，逛超市時不妨留意，到餐廳或酒吧時也可看看酒單或請侍者推薦。

購物與特色商品

**想找具有芝加哥特色或美式文化的紀念品帶回家？
以下介紹幾款好攜帶的商品，送禮自用兩相宜。**

芝城紀念品

漂亮的磁鐵、明信片，好看實用的杯盤組，充滿設計感的城市海報，或是各大職業運動相關商品等，都是可留下旅遊回憶的紀念品。CAF Center(見P.66)、P.O.S.H.(見P.134)、芝加哥歷史博物館(見P.123)、瑞格里球場周邊店家(見P.128)，或是獨立書店等都值得一逛。

漫畫商品

近年拜Marvel Studio不斷推出漫威電影之賜，讓想要蒐集美國漫畫周邊商品的人有越來越多選擇，如原著叢書、大小公仔等，或是你有特別喜歡的其他漫畫、卡通等，都可以到漫畫店尋寶。市區裡以靠近千禧公園的全麥薄餅漫畫店(見P.73)最便利，Chicago Comics(見P.210)也是生意不錯的老店。

二手黑膠與復古商品

有些唱片行以蒐集和販售二手影音產品為主，如果你愛聽黑膠，建議不妨抽空到唱片行走走，如Broadway Street上的Reckless Records(見P.141)。有的個性商店會販售復古產品，如橡樹園裡的

Pumpkin Moon (見P.203)就有復古撲克牌、二手廣告看板與許多有趣的小玩意。

趣味商品

壓馬路的時候，記得多看看街邊櫥窗裡擺設的商品，有時會有意外發現。例如Armitage站旁的Chicago

Bar Shop(見P.142)裡有特殊造型的啤酒拉霸，瑞格里球場旁的路邊攤有不同於官方商品的產品。如果有自己感興趣的物件，先利用網路搜尋，就能鎖定目標安排行程囉。

芝城書籍

到一個地方旅遊，很容易會對當地的歷史人文產生好奇，這時候走進書店裡找本專書準沒錯。路普區裡有連鎖書店Barnes and Noble，而Sandmeyer's Bookstore(見P.176)也不遠，或是海德公園的57街書店(見P.190)、芝加哥歷史博物館的禮品部(見P.123)等都有不錯的選書。

37

芝加哥行程規畫

芝加哥說大不大，說小不小，但古蹟珍寶可不少。只是，當行程緊湊時，該怎麼玩才不會有遺珠之憾？別擔心，你可以參考以下建議的遊覽路線，就算一天也有一天的玩法！為了節省時間，確定行程後別忘了提早將購票與訂位的事情搞定！

熱門景點一日遊

Day 1

`08:30` **千禧公園與瑪姬戴利公園**
見P.52、45

`10:30` **芝加哥文化中心**
見P.49

`11:30` **Heaven on Seven 或Pizano's午餐**
見P.80、77

`13:10` **馬歇菲爾德大樓**
見P.64

`13:50` **第一聯合衛理公會導覽**
見P.91

`15:20` **河濱步道、船塢城**
見P.99、110

`16:30` **密西根大道橋、曼麗芬大道逛街與晚餐**
見P.135

`19:30` **360觀景臺或The Signature Lounge**
見P.115、144

小熊隊球賽一日遊

Day 2

`08:30` **Dark Matter Coffee或 Bittersweet Pastry早餐**
見P.209

`10:00` **Southport Corridor逛街**
見P.211

`13:00` **小熊隊午間球賽**
見P.128

`17:00` **Clark Street 搭公車22往林肯公園踏青**
見P.124、126

`19:00` **Harry Caray's晚餐**
見P.148

建築朝聖一日遊

 Day **3**

 HERO Cafe買貝果三明治
見P.77

 莫內德諾克大樓、買Intelligentsia咖啡
見P.89、101

 鳥屋、芝加哥市政府
見P.86、90

 湯普森中心搭綠線往橡樹園
見P.88

 參加萊特基金會導覽、逛橡樹園&午餐
見P.200～204

 佳菲爾德公園溫室植物園
見P.205

 富頓市場晚餐
見P.207

 Skydeck觀景臺
見P.95

知性感性一日遊

Day **4**

 博物館園區賞市區南景天際線
見P.161～163

 選擇一處博物館參觀
見P.161～163

 博物館內用餐或熱狗攤買午餐
見P.161～163

 搭公車146往曼麗芬大道
見P.135

 椎豪斯博物館
見P.117

 歐本海默藝廊與翠工作坊
見P.133、134

 Pizzeria Uno或Andy爵士吧晚餐
見P.146、139

賞Wacker Drive夜景
見P.98

白襪隊球賽一日遊

 Day **5**

 梅迪奇烘焙坊早餐
見P.190

 芝加哥大學
見P.188

 羅比之家
見P.186

 伊利諾理工學院
見P.173

 白襪隊午間球賽
見P.172

 Umai晚餐
見P.178

芝加哥爵士秀場或巴弟蓋傳奇藍調俱樂部
見P.177

芝加哥行程規畫

主題5日遊

39

芝加哥
分區導覽

路普東區
East Side of the Loop

路普區「the Loop」指的是位於芝加哥河以南的商業區，Loop一詞源自於1880年代環狀繞行此區的纜車路線，而纜車則演變為1892年出現的高架快速鐵路(Elevated Rapid Transit，簡稱為L或是EL)，也就是現在芝城大眾運輸局CTA的捷運雛型。

路普東區是芝加哥早期開發的精華地段，主要街道為商業大街、珠寶大街，以及面對著湖與公園、有著許多旅館與商店的密西根大道。在這裡除了欣賞湖景與建築物外，另外還有芝加哥藝術學院美術館、劇院區、千禧公園、瑪姬戴利公園等熱門旅遊景點，是觀光人氣相當旺的一區。

會堂大廈與劇場
Auditorium Building and Theatre

✉ 50 East Congress Parkway │ ☎ (312)341-2310，
(800)982-2787 │ http www.auditoriumtheatre.org │
➡ 位於South Michigan Avenue與Congress
Parkway交叉口，捷運Adams、Jackson、H.W.
Library站。公車(1)、(2)、3、4、6、7、14、126、
145～147 │ 🏛 市級與國家級古蹟 │ MAP P.12-A3

1889年落成時，會堂大廈可說是全世界最重(約11萬噸)且首棟具備多功能用途，集劇院、旅館、辦公室於一身的大樓。

懷抱著建造一座頂級劇院的夢想，出資者佩克(Ferdinand Peck)請來愛德勒(Dankmar Adler)與蘇利文(Louis Sullivan)，希望借助這兩人在工程與建築上的長才，實現他的願景。事實證明，佩克並沒有找錯人。愛德勒採用的地基打造技術，成功地讓「重量級」的會堂大廈得以聳立在濕軟的土地上，劇院也在他的設計下呈現出令人無可挑剔的音效。蘇利文

運用了一點小把戲：他讓大樓擁有一個幾乎不經修飾的外表，但內部處處都是精雕細琢，而且無數顆嵌在劇院天花板梁柱上的燈泡，更突顯了劇院的華麗。擁有這樣的設計，也難怪會堂大廈會贏得「美國版巴森神農殿」的美譽。

會堂大廈曾在1929年因營運不善而關閉。雖然有過最落沒的時期，但從1946年起它成為羅斯福大學(Roosevelt University)的教學大樓；劇院也在1967年重新開張，繼續為音樂與戲劇愛好者提供一處欣賞表演的優質場所。2012年3月，羅斯福大學Wabash Building於其北側落成，這棟藍色玻璃帷幕高樓是由VOA聯合建築事務所設計，內有教室、宿舍等。

1.黃色凸形建築物為會堂大廈，藍色大樓為羅斯福大學Wabash Building／2.蘇利文為他與愛德勒的辦公室設計的大門窗戶，展現細緻美感／3.會堂劇場在無數燈泡的襯托下更顯華麗

藝文大樓
Fine Arts Building
藝術工作室集散地

✉ 410 South Michigan Avenue │ ☎ (312)566-9800 │ http www.fineartsbuilding.com │ ⏱ 週一～五07:00～22:00，週六07:00～21:00，週日09:00～21:00。每月第二個週五17:00～21:00舉行Open Studios，可以進入參觀藝廊、音樂室等│ ➡ 捷運Adams、Jackson、H.W. Library站。公車(1)、3、4、6、7、J14、126 │ 🏛 市級古蹟 │ MAP P.12-B3

藝文大樓一如其名，是藝術家、作家、舞蹈家、音樂家等臥虎藏龍的地方。興建於1885年，原為四輪馬車與載貨馬車製造商史都貝克(Studebaker)的展示與組裝中心，但隨著史都貝克轉往汽車界發展，大樓也被轉型成出租工作室。經過原建築師畢曼(Solon S. Beman)整修並加蓋頂樓3層，1898年重新開張，而原先的展示廳也轉變成Studebaker Theatre與Playhouse Theatre，兩者空間一大一小，可進行樂團演出、小型演奏與表演等，在電影崛起的年代也曾作為電影院，2016年戲院完成整修重新開放，演出訊息見 http www.studebakertheater.com。

參加芝加哥建築基金會的導覽(見P.66)是一窺藝文大樓最好的方法。若時間上無法配合，建議進入1樓大廳瞧瞧從1898年保留至今的內部裝潢與人工操作的古電梯。10樓1020室曾是萊特(Frank Lloyd Wright)在1908、1910～1911年的辦公室。2樓210室是一間名為The Dial的書店，營業時間為週一～五11:00～19:00、週末11:00～17:00。8樓833室是芝加哥青少年交響樂團(Chicago Youth Symphony Orchestras)辦公室。

1.藝文大廈的石牆與拱門造型，是19世紀末芝加哥盛行的建築風格／**2.**藝文大樓大廳。可以從這裡搭乘電梯上到頂樓，再走樓梯一層一層逛下來／**3.**於2樓走廊展出的畫作／**4.**The Dail書店空間明亮，前身也是一家二手書店

East Side of the Loop

瑪姬戴利公園
Maggie Daley Park

小孩樂園

✉ 337 East Randolph Street｜☎ (312)742-3918｜🌐 maggiedaleypark.com｜🕐 每日06:00〜23:00｜💲 迷你高爾夫、攀岩場需付費，其餘免費｜➡ Randolph Street以南，Monroe Street以北，介於Columbus Drive與Lake Shore Drive之間。捷運Randolph、Madison、Monroe站。公車4、(20)、60｜ℹ 攀岩場4月中〜10月開放，相關訊息請至官網查詢Climbing Wall。兒童遊樂設施有不同年齡限制，進入前請先看告示牌｜🗺 P.12-B2

到芝加哥，除了要看充滿歷史故事的古蹟建築外，最重要的拍照打卡景點，就屬密西根大道與湖濱大道間的公園了。從有著壯觀古典噴泉的格蘭特公園(見P.62)，到廿一世紀初讓世人驚豔的千禧公園(見P.52)，芝城市政府長期致力活化這片湖邊的廣大公有地，在與民間反覆討論下，2012年開始整理格蘭特公園東北角的園區，3年後，以前市長夫人之名落成。

這個以小孩遊樂場為主打的公園，占地約81,000平方公尺，從千禧公園走BP橋過來，會看到左側有滑冰道與攀岩場，右側是迷你高爾夫球場，再往前走會進入兒童遊樂區。遊樂區裡有溜滑梯、吊橋、可玩捉迷藏的小丘陵等多項設施，往湖邊過去則有網球場。

瑪姬戴利(Maggie C. Daley)是小戴利市長(Richard M. Daley)之妻，最為人所景仰的是她推動青少年課後活動計畫(After School Matters)的努力與成果，2011年過世前，她抗癌多年、但仍活躍參與公共事務的形象也深植民心。

1.公園內的迷你高爾夫球場，大人小孩都可玩／2. Play Garden裡有許多設施，可讓兒童爬上爬下／3. 攀岩場與滑冰道

交響樂中心
Symphony Center
愛樂者的天堂

✉ 220 South Michigan Avenue | ☎ (312)294-3000 | http www.cso.org | ⊕ 票亭夏季時間週二～五12:00～18:00 | ➡ 捷運Adams、Jackson站。公車(1)、3、4、6、7、J14、(26)、(28)、126、(143)、147、151 | ℹ CSO Family Matinee Series音樂會是專為5～8歲兒童而設計的節目，除此之外的演奏會則只歡迎8歲(含)以上兒童參加；每位兒童都要持票才能入場 | MAP P.12-B2

芝加哥交響樂團(Chicago Symphony Orchestra，簡稱CSO)成立於1891年，最早的表演場在會堂大廈，1905年起移師到這棟靠近Adams Street的紅磚大樓。湯瑪士(Theodore Thomas)是樂團首任指揮，他的名字與貝多芬、莫札特等偉大音樂家一同刻在大樓外牆供人瞻仰。1969年起，來自匈牙利的名指揮家蕭提爵士(Sir Georg Solit)將樂團帶向國際舞台，普獲樂界肯定。巴倫波因(Daniel Barenboim)是蕭提爵士的後繼者，指揮之餘，他也常以鋼琴家的身分與樂團同台演出。2007年是由海汀克(Bernard Haitink)擔任指揮；2010年起由慕提(Riccardo Muti)接掌第十任樂團指揮，這位義大利大師帶領CSO與合唱團現場演出的威爾第《安魂曲》錄音專輯也得到第五十三屆葛萊美獎「最佳古典音樂專輯」與「最佳合唱演出」的肯定。

交響樂中心的開放時間約為每年9月初到隔年6月底(樂團在7～9月移師拉維尼亞音樂祭)，古典樂之外，尚有爵士、拉丁樂曲等表演。市立管絃樂團(Civic Orchestra of Chicago)部分的演出免費，可透過電話或到售票口預約門票(若在戶外演出則無須索票)。

禮品部(The Symphony Store)入口位於Adams Street，販售影音商品和音樂主題的精美用品，營業時間為週二～六 11:30～17:00，週日如逢音樂會也會營業到節目結束，11～12月營業時間以現場為準。

◄芝加哥交響樂中心的大演奏廳是國家級歷史古蹟

聽聽在地聲音，更快融入芝加哥

玩家交流

芝加哥廣播電台不少，分類也很多，有爵士、輕音樂、老歌、搖滾、古典、福音、體育、新聞和校園電台等。早晨起床想聽點國內外消息，我會選擇WBEZ FM 91.5芝加哥公共電台(Chicago Public Radio)，這個電台的內容相當廣泛，舉凡財經、世界動向、科學、藝文介紹、書籍討論都有，晚上會有一節音樂時段，其選曲也相當精良。若逢棒球比賽，我會轉到WGN 720 AM，事實上這是被同事Nitin影響的，以前常在工作時聽到他興奮大叫，那就表示小熊隊安打或得分了。上網搜尋「Chicago radio stations」就可以找到電台資訊喔！

克瑞恩通訊大樓
Crain Communications Building

坐擁美景的鋼筆大樓

✉ 150 North Michigan Avenue | ➡ 捷運Lake、Randolph、Washington站。公車3、4、6、(20)、60、147、151、157 | MAP P.12-B1

這棟於1983年完工的大樓儘管沒有顯赫的歷史，但絕對是豐富芝加哥市景的功臣之一。其最大特徵是斜面的菱形屋頂(其實是兩個分開的三角形)，夜晚邊線的燈光亮起時則宛若一顆鑽石，而當芝城球隊面臨重要比賽時，還會出現加油字句。以最佳視野為考量，建築公司A. Epstein & Sons International, Inc.讓大樓以45度角朝向密西根大道；如今不光坐看湖景，連千禧公園也盡收眼底。台灣留學生間常以「鋼筆大樓」稱呼它，但美國人則是聯想力發達地視它為女性主義的象徵性大樓。大樓的名字曾幾度變更，在此之前稱為斯莫菲斯通大樓(Smurfit-Stone Building)。

往北走於180號2樓是美國作家博物館(American Writers Museum)，於2017年5月開始對外開放，是全美首座以國內作家為主題的博物館。

🌐 americanwritersmuseum.org

▶屋頂造型狀似鋼筆的克瑞恩通訊大樓(圖中)

保德信廣場
與Aon中心
Prudential Plaza & Aon Center

坐落在城市裡的巨大火柴盒+鉛筆+橡皮擦

✉ 位於千禧公園北邊Randolph Street上 | 🚇 捷運 Randolph、Washington、Lake站。公車3、4、6、(20)、60、147、151、157 | MAP P.12-B1

　自千禧公園向北望去，由左至右的三棟大樓分別是像火柴盒的保德信第一廣場(Pru One)、像支尖頭鉛筆的保德信第二廣場(Pru Two)，與看似白色長條形橡皮擦的Aon中心(原名為Amoco Building)。41層樓高的Pru One外觀不突出，甚至被評論為乏善可陳，但身為二次世界大戰後首棟芝城摩天大樓，它倒是有功於將所在地由一片爛泥轉變成商業區。Pru One的西牆上有個公司商標「直布羅陀岩石」(Rock of Gibraltar)，這是義大利藝術家伊恩里尼(Alfonso Iannelli)生前最大也是最後一件雕塑作品。

▲直布羅陀岩石商標

　Pru Two建造於1990年，樓高64層，一般人常視它為芝加哥版的克萊斯勒大樓，頂端的多角造型為其特徵。2018年6月起，芝加哥論壇報辦公室由原論壇報大樓(見P.108)，遷移至保德信兩棟大樓裡。

　Aon中心樓高80層(346.3公尺)，是全球罕見沒有利用天線或者其他裝飾，真材實料成為超高摩天樓的建築物。大樓外觀純粹簡單，白色線條突顯了修長與獨樹一格的特徵，但美麗的外表背後也曾經歷完工後不久表面大理石變形脫落的窘境，最後又花了6千萬美元(幾乎是興建費用的半價)換上花崗岩補強。

芝加哥文化中心
Chicago Cultural Center

全民共享的公共藝文空間

✉ 南側門78 East Washington Street，北側門77 East Randolph Street｜📞 (312)744-3316｜http www.chicagoculturalcenter.org｜🕐 週一～五10:00～19:00，週末10:00～17:00｜休 假日休息，日期詳見官網Visitor Information｜➡ 捷運Randolph、Washington、Lake站。公車3、4、6、(20)、56、60、147、151、157｜ℹ 每週三～六13:15免費導覽(約45～60分鐘)，由於有25人的人數限制，請提早到北側門集合處報到｜🔊 免費(Randolph Café 收訊較佳)｜🏛 市級古蹟｜MAP P.12-B2

芝加哥文化中心原是最早期的芝加哥市立圖書館，但是在1897年啟用以來，它帶給芝城民眾不只是知性的薰陶，還有美學的浪漫享受。秉持著「美麗事物非富人與受教育者的專利，它們也是一般大眾的權利」的理念，建築師Shepley, Rutan & Coolidge打造出一個非常華麗的公共空間。不但賦予南北兩面外牆不同的設計，還大量使用大理石、馬賽克玻璃、珍珠母等上等建材做內裝，並請來紐約提芬尼玻璃與裝潢公司(Tiffany Glass & Decorating Co.)負責南北兩側2樓的大廳G.A.R. Memorial Hall與Preston Bradley Hall的彩繪裝飾。事實證明，建築師的遠見是對的，百年後，芝加哥文化中心依舊深受市民喜愛，也是讓遊客們流連忘返的地方。

1.芝加哥文化中心外觀／**2.**北側樓梯不若南側樓梯富麗堂皇，但也充滿古典美／**3.**北側樓梯天花板的裝飾與燈飾，搭配天井透出的陽光，給人溫暖的感覺／**4.**使用卡拉拉大理石構築的南側樓梯

文化中心內有許多藝術展示空間以及開放空間，都可以讓民眾自由參觀，例如1樓的Renaissance Court Gallery、Landmark Chicago Gallery、Michigan Avenue Gallery，2樓東側的Chicago Room還可看到密西根大道的街景，而3樓的普利斯頓·布瑞德列廳會有午間音樂會(於12:15開始)，各活動資訊可於網站查詢。南北兩側的樓梯設計樣式不同，建議都走走看，你會發現這棟建築內部好像迷宮般有趣，還可以透過對內窗看見提芬尼圓頂，以及從大樓外看不到的建築結構。文化中心也提供許多讓年長市民學習、做體操的課程，甚至南側大門入口旁的志工站，很

可能就是由白髮爺爺或奶奶站崗服務。如想在此參加公證結婚(Civil Wedding)，也可致電(312)603-5660查詢與預約。

1.北側頂樓展示空間／2.Renaissance Court Gallery／3.出自《論語》〈子張十九〉的子夏論好學之名言／4.普利斯頓·布瑞德列廳是文化中心的必看之處，遊客甚至會躺在地板上拍攝提芬尼圓頂

普利斯頓·布瑞德列廳(Preston Bradley Hall)

2

　從南側門進入，隨著象牙白卡拉拉(Carrara)大理石石階引領而上，當你還在想著這階梯旁、牆壁邊的馬賽克圖案是何等細緻時，3樓拱門後的普利斯頓·布瑞德列廳才著實迷人。

　廳堂牆上貼著華麗古典的馬賽克花飾，拱門下看得到培根(Bacon)、莎士比亞(Shakspere)等十六世紀作家之名。室內光除了由黃色吊燈發散之外，也來自透亮的提芬尼圓頂。圓頂是用直徑38英呎(約莫11.6公尺)的鑄鐵為主架，最中以黃道十二宮為主題，周圍鑲嵌243面共2,848片波紋鱗狀小玻璃所構成。圓頂上罩著另一層半透明玻璃，

是日光自由通行的入口。

　廳堂的整體設計由建築師柯利基(Charlies A. Coolidge)主導，圓頂、大理石柱上方的馬賽克圖飾全為藝術家提芬尼(Louis Comfort Tiffany)的神來之手，至於彩繪玻璃與珍珠母馬賽克磚則是由椎絲柯(Clara Driscoll)帶領的提芬尼女子玻璃切割部門(Women's Glass Cutting Department)手工製作。圓頂於2007年底進行鑄鐵、鱗狀小玻璃的維護與外罩更新工程，整修後，參觀者無不被更加鮮明亮眼的玻璃給吸引，市政府也因此表揚了參與的藝術家們，獻上肯定與感謝。

　廳堂裡外的牆上可見以古今10種語言寫下的思想家名言。大廳演奏音樂的音響效果很好，會傳至中心裡的其他角落。

1

1.普利斯頓·布瑞德列廳南側走廊／2.門柱上簡單與華麗感並存的美麗圖飾／3.以黃道十二宮代表符號和花葉圖紋組成的提芬尼圓頂

千禧公園
Millennium Park
前衛科技的城市遊園

▲從BP橋上往東看是普立茲克大草坪，右側是舞台

✉ 201 East Randolph Street │ ☎ (312)742-1168 │ http www.millenniumpark.org │ ⏰ 每日06:00～23:00 │ ➡ Randolph Street以南，Monroe Street以北，介於South Michigan Street與Columbus Drive之間。捷運Madison、Monore、Washington站。公車3、4、6、(20)、56、60、147、151、157 │ ⁉ 寵物(服務犬除外)、煙火等不得攜入公園，普立茲克大草原於部分活動日期不可帶酒精類飲料進入，詳見官網 │ MAP P.12-B2

▲5月千禧公園白色的梨樹花盛開，多了一股浪漫氣息

　　這裡堪稱芝加哥最受人喜愛的公共空間。千禧公園位於格蘭特公園西北角，原為一片停車場，經過芝加哥市政府的重劃、民間企業的大力贊助、與知名建築師及設計師的創意下，搖身成為充滿前衛性與科技感的城市遊園。自2004年7月開放以來，每年吸引百萬人次來此參觀和休閒。千禧公園不僅帶給遊客歡笑與驚奇，也活絡東路普區的商業發展，並讓芝城脫離九〇年代的建築低潮期，展現它重回建築領航都市的決心。

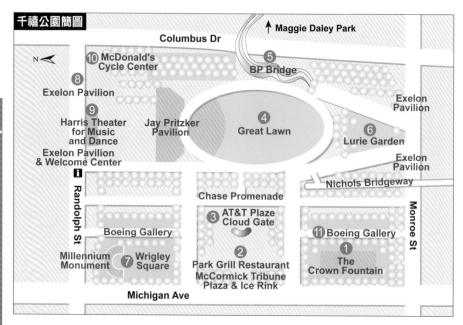

千禧公園簡圖

Columbus Dr

↑ Maggie Daley Park

N

⑩ McDonald's Cycle Center

⑤ BP Bridge

⑧ Exelon Pavilion

Exelon Pavilion

⑨ Harris Theater for Music and Dance

Jay Pritzker Pavilion

④ Great Lawn

⑥ Lurie Garden

Exelon Pavilion & Welcome Center ℹ

Exelon Pavilion

Nichols Bridgeway

Chase Promenade

Randolph St

③ AT&T Plaza Cloud Gate

⑪ Boeing Gallery

Monroe St

Boeing Gallery

② Park Grill Restaurant McCormick Tribune Plaza & Ice Rink

① The Crown Fountain

Millennium Monument

⑦ Wrigley Square

Michigan Ave

由Monroe Street與Michigan Avenue交界進入千禧公園，首先映入眼簾的是西班牙藝術家普倫薩(Jaume Plensa)顛覆傳統設計的兩座現代噴泉「Crown Fountain」。長柱狀、50呎高的噴泉上有液晶螢幕顯示真人臉譜(取鏡自1千多位芝城市民)，春季中旬至秋季中旬有水流自塔上瀉下，同時還有水柱自臉譜嘴巴噴出，博君一笑之餘也成功地聚集了群眾來此拍照和戲水。

1.克朗噴泉 (The Crown Fountain)

1.克朗噴泉是由一塊塊的螢幕所組成。巨大的臉譜彷彿神祇一般矗立著，令遊客感到驚奇／2.會變換臉譜與噴水的克朗噴泉已成為最受歡迎的戲水處／3.噴泉的創意設計不但吸引人潮，也帶來樂趣

2.麥科明論壇廣場&溜冰場 (McCormick Tribune Plaza & Ice Rink)

克朗噴泉北邊的廣場從11月中到3月間是戶外溜冰場,溜冰場停業時則是餐廳Park Grill的室外用餐區。溜冰場開放時間為週一～四12:00～20:00,週五12:00～22:00,週末10:00～21:00。溜冰鞋租金週一～四$12,週五～日與假日$14。

▲如果想溜冰,可別錯過冬天才開放的戶外溜冰場(圖片提供© City of Chicago-GRC)

3.雲門 (Cloud Gate)

以水銀為創作概念的雲門是出生於印度、在英國接受教育的雕塑家卡波爾(Anish Kapoor)的作品。由於外型酷似一顆豆子,芝加哥人習慣叫它「The Bean」。雲門由168片表面光滑的不鏽鋼板所組成,由於體積龐大,當初是一路從加州走海線運送到此。芝加哥的天空與大樓在它的反射下呈現出另一番景致,清晨與夜色尤其美麗。

4. 普立茲克舞台&大草坪
(Jay Pritzker Pavilion & Great Lawn)

這是擅長將不鏽鋼板組合成大型建物的建築師蓋瑞(Frank Gehry)為千禧公園設計的戶外舞台,現已成為特殊活動以及格蘭特交響樂團暨合唱團舉行夏季音樂會的場所。為了讓在草地區的聽眾也能享受一如座位區的高水準音效,首開全美先例將音響懸吊在十字交叉的鏤空天棚上,而天棚本身也營造出一股異次元的奇幻感。已故的凱悅飯店集團創辦人普立茲克(Jay Pritzker)是一位道地的芝加哥商人,生前與妻子Cindy Pritzker大力支持建築美學,並創立了享有「建築界諾貝爾獎」之稱的普立茲克建築獎。普立茲克舞台也在落成後成為2005年普立茲克大獎的頒獎舞台。

5.BP橋 (BP Bridge)

BP橋是蓋瑞的第一件橋梁作品,其造型獨特且具有無障礙斜坡,是聯絡千禧公園與Daley Bicentennial Plaza的便利設施,也是另一個欣賞芝城美景的好去處。

▲造型獨特的BP橋(圖片提供◎郭俊宏)

6.樂瑞花園 (Lurie Garden)

▲樂瑞花園利用花草來訴說芝城故事

位於大草坪(Great Lawn)南邊的樂瑞花園是一座充滿寓意的花園。以「City in a Garden」為創作主旨,低矮的平草區重現了芝加哥原始的草原風貌,高起的樹籬區則代表了芝城Big Shoulder、可擔當重任的強韌形象。首席設計師葛絲塔芙森(Kathryn Gustafson)曾榮獲克萊斯勒設計大賞等獎項,倫敦的戴妃紀念噴泉亦是她的代表作之一。

7.瑞格里廣場 &千禧紀念碑 (Wrigley Square & Millennium Monument)

在千禧公園一群大量運用現代科技構築的建物中,以列柱廊呈現的千禧紀念碑(Millennium Monument)反而畫龍點睛地提醒了人們勿忘歷史的存在以及資助者的慷慨解囊;格瑞里廣場兩旁的植樹下有座椅供人休憩,民眾也可以自由地在草地區打滾曬太陽。

8.愛克斯龍展示館 (Exelon Pavilions)

千禧公園4個角落各有一棟能將太陽能轉化成電能的愛克斯龍展示館,南邊兩棟與東北棟為地下停車場入口,西北棟是遊客中心與Exelon能源展示場;北邊兩棟大樓的黑色格狀外觀也與哈里斯音樂舞蹈劇院相呼應。

▲能將太陽能轉換成電能的Exelon Pavilion

具有白色外牆與黑色方格玻璃(室內燈光打亮後會變成全透明)的哈里斯音樂舞蹈劇院,是一個提供舞蹈與音樂表演的中型劇院。演出資訊可於官方網站www.harristheaterchicago.org查詢,購票專線:(312)334-7777,售票亭開放時間:週一~五12:00~17:00。

9.哈里斯音樂舞蹈劇院 (Harris Theater for Music and Dance)

▲劇院外觀

10.麥當勞自行車中心 (McDonald's Cycle Center)

公園東北角的自行車中心可說是芝加哥廣大自行車族的福音,不但階梯兩旁有溝槽方便自行車牽移,窗明几淨的空間也給人安全感。內有淋浴間、置物櫃、點心吧、修車與租車服務,個人自行車也可以免費停放。租車資訊請上網查詢bikechicago.wildapricot.org。

11.波音藝廊 (Boeing Galleries)

▲克朗噴泉設計者普倫薩的大型雕塑作品《1004 Portraits》,曾在波音藝廊展出

位於克朗噴泉東側的南北向走廊,展示當代藝術家的創作作品,供民眾自由欣賞。

▲麻雀雖小五臟俱全的自行車中心

芝加哥藝術學院
美術館
The Art Institute of Chicago
和芝加哥人一起瘋藝術

✉ 111 South Michigan Avenue | ☎ (312)443-3600 | http www.artic.edu | 🕐 每日10:30～17:00，週四延長至20:00 | 休 感恩節、聖誕節、元旦 | $ 成人$25，學生與65歲以上長者$19，14歲以下學童免費。芝城與伊利諾州居民憑證可享折扣，並於週四17:00～20:00可免費參觀。可使用Chicago CityPASS或Go Chicago Card | ➡ 捷運Randolph、Washington、Lake站。公車(1)、3、4、6、7、J14、(26)、(28)、126、147、151 | ℹ 服務台有提供畫作語音導覽機，一台租金$7 | ❓ 運動背包與更大的隨身提袋、公事包、長型雨傘都必須寄放。館藏品開放拍照，但不得使用閃光燈或錄影攝影。用餐區之外禁止飲食。| MAP P.12-B2

對於芝加哥人來說，欣賞藝術好比聆聽音樂、看場電影一般輕鬆，到藝術學院美術館看展覽也像逛花園地簡單，而且往往是全家大小一起出動。

芝加哥藝術學院成立於1879年，底下擁有以教學為主的藝術學校與美術館，兩者在美國皆占有舉足輕重的地位。美術館以印象派畫作聞名，莫內、雷諾瓦、梵谷、卡玉伯特、秀拉等人的作品都在此呈現，其中秀拉《大碗島的週日午後》是館內自1925年來就擁有的收藏品。其他館藏包括亞洲文物、中古世紀歐洲工藝品、盔甲武器、米勒等巴比松畫家的自然寫實作品、畢卡索與達利的抽象派創作、美國藝術家歐姬芙等人的畫作以及大師建築草圖等，種類豐富，參觀者可以各取所好細細品味。如果時間不多，美術館提供的參觀指南(Visitor Guide)有列出精選必看館藏，也可依循其所附的地圖快速瀏覽。

2009年夏季起，藝術學院美術館的新館Modern Wing落成啟用，展出品以當代藝術創作、建築與設計作品，以及1900年後的歐洲現代藝術為主。這棟白色玻璃建築與連結千禧公園的Nichols Bridgeway是由義大利建築師皮亞諾(Renzo Piano)的團隊所設計。皮亞諾的作品有巴黎龐畢度中心、日本關西機場等，其才華與貢獻也讓他獲頒1998年普立茲克建築獎以及2008年美國建築師協會AIA金質獎。

1.美術館館藏豐富，採光、空間與動線設計良好，逛起來非常舒服／2.週四夜開放時段深受大家歡迎／3.中東文物展區／4.西元二世紀印度的石獅作品，素材是紅砂岩／5.秀拉《大碗島的週日午後》前常常聚集著三兩互相討論的民眾／6.雷諾瓦畫作《陽台上的兩姊妹》／7.梵谷創作於1887年的自畫像／8.法國畫家路易‧安克坦《蒙馬特愛麗舍的優雅女子》／9.2樓迴廊展示建築翹楚們所設計的窗櫺與牆

❸

美國館 (1900～1950年)側寫

❷

當印象派畫作展區人頭攢動時，不妨先繞點遠路走到美術館東側2樓，從二十世紀美國國寶級大作參觀起。

全美第一位舉辦畫展的女畫家歐姬芙(Georgia O' keeffe，1887～1986)，於1965年創作的大型油畫《雲上的天空IV》一如她的其他作品一樣，以不繁複的色彩，將人們習以為常的景色：無論是這幅畫裡的藍天白雲、一朵花、一座十字架或是一個枯骨牛頭，用宛如微距攝影的方式將景物在畫布上放大，呈現出小單位最原始的美。紐約時期的摩天樓系列作品也是讓大樓獨占版面，仰望的角度更加強調出建築之巨大。

歐姬芙曾於1905年9月進入芝加哥藝術學院求學，1907年轉到紐約Art Student League，結識了名攝影師、同時也是藝文大亨史蒂格利茲(Alfred Stieglitz)，最後結為夫妻。當時，史蒂格利茲在他紐約的291藝廊展出一系列新生代美國藝術家作品，除了歐姬芙，還有德夫(Arthur Dove)、哈特利(Marsden Hartley)、馬林(John Marin)等人，他們的共通處在於擅用粗筆畫與鮮明色彩描繪出美國的廣大土地，也因此有「史蒂格利茲幫」(Stieglitz Circle)之稱。

美國藝術區中不能錯過的還有伍德(Grant Wood)於1930年創作的《美國哥德式》。這幅畫有趣的是畫家受到愛荷華州家鄉一棟哥德式建築激發靈感，然後再以自己的姊妹和家庭牙醫師的形象，畫出一名未婚女性與她那手持乾草叉的父親。也就是說，這幅畫並非寫實之作，房屋與人物都是畫家在心裡所拼湊出來的。評論家認為，這件作品帶有暗諭古板、守舊的諷刺意味，但伍德則表示，他是以清教徒的倫理美德來表達自己對中西部淳樸民風的敬意。

❶

❹

1.歐姬芙畫風獨樹一格，用色時而鮮明、時而清麗，令人過目難忘／**2.**、**3.**上下分別是馬林和哈特利以海洋和山為主題的創作／**4.**伍德《美國哥德式》

充滿時尚光感的新館Modern Wing

玩家交流

新館Modern Wing的大門位於Monroe Street，而民眾也可以自千禧公園透過Nichols Bridgeway進入，或是直接由本館走過來。走到大廳Griffin Court時，請先駐足感受結合天光與潔白牆面所帶來的明亮感，挑高的空間則增添了舒適感。東側落地窗不只使人一眼可見Pritzker Garden中的展出品，也引入自然光，使得在窗戶前行進或上下樓梯的人彷彿是美術館的流動藝術品，有著一種摩登的視覺感。2、3樓展覽廳北側也是採用大片玻璃牆，而這裡的

展出品就是千禧公園和芝加哥的摩天大樓。Modern Wing的設計充滿巧思，展出品也都很精采，很值得撥空好好Enjoy一番。

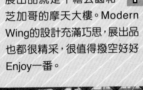

1.Modern Wing大廳／2.連通千禧公園和美術館的Nichols Bridgeway／3.新館2樓的建築設計展覽區／4.在新館內，參觀者也成了流動藝術品／5.歐洲雕塑家布朗庫斯1907年的作品《苦惱》／6.新館Modern Wing可直接從Monroe Street入口購票入內

格蘭特公園
Grant Park

美麗的綠色休憩地

✉ 337 East Randolph Street ｜☎ (312)742-3918 ｜🌐 www.chicagoparkdistrict.com ｜🕐 每日 06:00～23:00 ｜➡ Randolph Street以南，Roosevelt Street以北，介於South Michigan Street 與Lake Michigan之間 ｜ᴹᴬᴾ P.12-B3

以美國第18任總統Ulysses S. Grant命名的格蘭特公園，是芝加哥市中心的重要綠地與大型活動的舉辦場地(例如2008年歐巴馬當選第44任總統的當選演說會)，也是聯絡南密西根大道與密西根湖間的主要通道。位於Congress Parkway東邊的白金漢噴水池(Buckingham Fountain)是著名觀光景點，由此望向市區與湖邊都可看到漂亮的景色。

由於芝加哥冬季偏長，春季湖風冷冽，所以夏季在格蘭特公園舉行的一連串戶外活動格外受到居民的熱烈歡迎。舉凡藍調音樂祭(Blues Festival)、夏日舞蹈節(SummerDance)、美食節(Taste of Chicago)、爵士音樂祭(Jazz Festival)等，都會吸引上萬人到此狂歡。平日這裡也是民眾運動、休憩、欣賞公共藝術的好去處。

1.格蘭特公園占地廣闊，環境乾淨。高大的路樹，為行人帶來綠意與涼意／2.座椅區與大草坪／3.常有大型藝術創作在此展示／4.白金漢噴水池／5.公園南方的雕塑品《集會》是女藝術家阿巴卡諾薇姿(Magdalena Abakanowicz)的作品

旅行小抄

芝加哥馬拉松與芝加哥鐵人三項

　　每年10月舉行的芝加哥馬拉松是全球體育盛事。賽道長26.2英哩(約42.16公里)，由格蘭特公園Columbus Drive出發，沿途經過北西南29區。1977年首屆參加人數為4,200人，2007年第30屆增加至36,000人。目前總報名人數則以45,000人為上限，只要能在6.5小時內跑完全程都會被納入大會紀錄。除馬拉松跑步之外，也同時舉行輪椅競賽，前一天亦有5K賽事。

　　芝加哥三鐵賽於每年8月舉辦，1983年開辦時參加人數約760人，如今參加人數已破萬。比賽從游泳開始，地點在格蘭特公園東邊的Monroe Harbor，接著是自行車及跑步，最後返回終點格蘭特公園。

芝加哥馬拉松 http www.chicagomarathon.com
芝加哥鐵人三項 http www.chicagotriathlon.com

1.輪椅競賽的參賽人數也不少(圖片提供© City of Chicago-GRC)／**2.**馬拉松跑者(右邊人群)正準備前往起跑點，親友團(左邊人群)站在柵欄後為他們加油

馬歇菲爾德大樓
Marshall Field and Company Building

超過百年歷史的百貨大樓

✉ 111 North State Street，現為Macy's State Street百貨公司 | http www.visitmacyschicago.com | ➡ 捷運Randolph、Lake、Washington站。公車(2)、6、20、29、36、56、60、62、146、147、151 | 🏛 市級與國家級古蹟 | MAP P.12-A2

以往，在芝城提起百貨公司，居民一定告訴你「Go Field's」。馬歇菲爾德百貨公司(Marshall Field's)成立於十九世紀末，長期以來一直是美國中西部首屈一指的百貨零售批發商，直到2006年9月才由梅西百貨公司(Macy's)收購改名經營(近年大樓的使用傳聞將有異動)。

這棟由柏翰公司(D. H. Burnham & Co.)設計的馬歇菲爾德百貨公司旗鑑店開幕於1907年，外表大方，內部高雅。大樓特色為State Street南北街角的大鐘、1樓的Lost Fountain(原名為Burnham Fountain)、以及南側5樓由提芬尼(Louis Comfort Tiffany)親自設計的彩繪拱頂。每年年底為了歡慶佳節，百貨公司會精心布置State Street櫥窗，而位於7樓、亦是成立於1907年的老牌餐廳Walnut Room也會立出大型聖誕樹。

1.大樓外牆上歷史悠久的大鐘／**2.**馬歇菲爾德大樓內部以古典的廊柱做為支撐，給予各樓層開放的視野／**3.**挑高空間與提芬尼設計的彩繪拱頂

鐵路交易大樓
Railway Exchange Building
芝加哥建築學派的代表大樓之一

✉ 224 South Michigan Avenue │ ➡ 捷運Adams、Jackson站。公車(1)、3、4、6、7、J14、(26)、(28)、126、(143) │ MAP P.12-B2

這是南密西根大道上一棟很容易辨認的白色陶瓦建築。頂樓的圓窗、中段部分的凸窗與方正的大樓外觀，以及過去的Santa Fe標誌都是搶眼的特徵。大樓設計來自柏翰公司(D. H. Burnham & Co.)，建成於1904年，與該公司另一作品——信賴大廈，同為芝加哥建築學派的代表性大樓。Railway Exchange為其最初的名稱(可在大樓南側入口看到)，後來屋頂立起了大樓所有者聖大非鐵路公司(Santa Fe Railway)的商標，也讓它以聖大非大樓(Santa Fe Building)之名為人熟知。建築師柏翰(Daniel Burnham)堪稱芝加哥都市計畫之父，據說他的《Plan of Chicago》就是在頂樓東北角房間內完成。1樓中庭光潔雅致，同外型一樣採白色系；北側以櫺網裝飾紅銅色的牆壁與電梯，別具一番風味。芝加哥建築基金會曾在這裡經營多年(現已搬遷)，目前大樓內仍有建築公司Skidmore, Owings & Merrill (SOM)、Goettsch Partners、VOA Associates以及聖母大學商學院等知名機構。

1.便於清洗與維護的陶瓦(Terra Cotta)使得鐵路交易大樓經過百年後，仍保持潔白的外觀／**2.**南側入口可見大樓的最初名稱／**3.**代表著進步與文明的希臘女神／**4.**鐵路交易大樓內獨樹一格的紅銅色牆壁與電梯

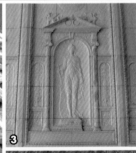

芝加哥建築基金會中心
Chicago Architecture Foundation Center
提供專業的芝城建築導覽

✉ 111 East Wacker Drive｜☎ (312)922-3432｜http www.architecture.org｜🕐 週一、三、五～日09:30～17:00，週二、四09:30～20:00，時有異動，請以網站公告為準｜休 元旦、感恩節、聖誕節｜💲 成人$12，學生(需出示ID)$8，5歲以下免費｜🚇 捷運Lake、State站。位於Michigan Avenue與East Wacker Drive交叉口東側。公車6、(20)、147、151、157｜MAP P.12-B1

芝加哥建築基金會以提供專業的在地建築導覽聞名，至今已有50年歷史。行程豐富，收費合理，從單一大樓(如藝文大樓Fine Arts Building)、街道(如State Street)、區域(如黃金海岸區Gold Coast和伊利諾理工學院Illinois Institute of Technology)到相當有口碑的建築遊河之旅(Chicago's First Lady Architecture River Cruise)，應有盡有。如果想參加的導覽行程很多，不妨加入會員，還可享有針對會員提供的優惠措施。

旅行小抄

建築導覽服務

▲義工導覽員

建築基金會約有450名義工導覽員(Docent)，他們要先經過面試與為期1年的訓練課程(每週至少上課25小時)才能開始執行勤務。如果想參觀密斯(Ludwig Mies van der Rohe)在芝加哥西郊Plano所蓋的私人住宅芳茲沃思之家(見P.68)，基金會所安排的行程是不錯的選擇。

▲Chicago's First Lady建築遊河之旅的登船處就在密西根大道橋東側；圖左上方的大樓為建築基金會新址

· 芝加哥建築基金會特別活動 ·

250個名所建築看到飽

芝城免費參觀日
Open House Chicago

http www.openhousechicago.org

Open House，意即免費開放供人參觀。Open House Chicago (OHC)，意即在10月某個週末，大芝加哥地區將有超過150座知名場所免費開放參觀。芝加哥建築基金會於2011年帶領芝城加入Open House Worldwide的行列，造成熱烈迴響，因大多數的地方平時要付費或是加入導覽才能參觀，甚至像建築事務所(如Murphy/Jahn)、Google辦公室等，平時都無法讓民眾一窺究竟，因此在這個週末，市區裡到處有市民和遊客拿著地圖和相機，忙著大啖這場建築與文化的饗宴。

活動時間為09:00～17:00，熱門景點請提早去排隊，有些地方的開放時間另有限制，建議先上網查詢作好規畫。每個入口處設有專人等候，他們會詢問參觀者的居住地區域號碼(Zip Code)，並告知下一梯次的導覽何時開始。開放參觀的知名餐廳也會在此時釋出優惠，是中場休息或活動結束後的好去處。

另外，OHC舉辦時，無論晴雨，請早起，吃足早餐，帶著相機備用電池，穿上方便走路的鞋子，然後再出門加入這場刺激的活動。開放的景點太優太多，且提供了欣賞芝城的不同視野，所以有心者都會卯足全力把握這一年一次的機會，還有人會在大樓間跑步搶時間，善用Divvy自行車(見P.226)，也能幫助你趕快抵達下個參觀點。

1.建築事務所Perkins+Will的美女建築師為民眾進行解說／2.東威克大道35號是OHC熱門景點，左下為排隊的人龍

知識充電站

Open House Worldwide

組織成立於英國，其宗旨在於提升人們對於優良建築設計的了解與愛護。自1992年Open House London開跑後，紐約、都柏林、耶路撒冷、墨爾本、赫爾辛基等國際大城也相繼加入。官網可查詢各城市的舉辦日期。

http www.openhouseworldwide.org

芳茲沃思之家小旅行
Farnsworth House

✉ 14520 River Road, Plano | ☎ 個人預約(866) 811-4111。15人以上團體預約(630)552-0052 | http www.farnsworthhouse.org | ⏰ 4～11月(感恩節) 導覽時間：週二～五10:00、12:00、14:00每日3梯次，週末10:00～15:00每小時1梯次 | 休 感恩節、國慶日、開放期間的週一 | $ 導覽費每人$20，網路購票代繳手續費$2.5，現場購票手續費$5.0，購買後不得退費或更換時間 | ❓ 建議利用網站查詢每批次參觀資訊並購票，避免現場購票向隅 | MAP 拉頁「Metra火車路線圖」

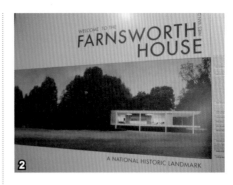

簡單、純粹、自然，這是理想之境，也是芳茲沃思之家。1945年冬天，59歲的密斯與42歲的芝加哥女醫師芳茲沃思(Edith Farnsworth)首次碰面。出生芝城富裕家庭，受過文學、音樂與醫學多方面高等教育的芳茲沃思是位新時代女性，她在尋找值得託付的建築師來打造專屬的度假空間，而前衛派的密斯顯然是一時之選。密斯也發現這片Plano的土地可以延續他對極簡住宅的理念，建物草圖旋即出爐，並且也受邀於紐約MoMA美術館展出概念模型。

芳茲沃思之家的建造初期還算順利，業主與建築師常到現場探勘，後來卻因經費與室內規畫意見不合交惡，甚至對簿公堂，所幸終於在1951年早春完工，費用粗估約7～9萬美金，但兩人的交情也就此結束。芳茲沃思曾加添紗門與其他室內家具，這些物品在英國貴族普蘭波(Peter Palumbo)於1972年接手後逐漸消失。

畢業於伊頓公學的普蘭波，自學生時代即對密斯的設計非常傾心，他透過密斯的外孫、建築師洛翰(Dirk Lohan)回復了密斯的原始設計，也堅持繼續稱呼這裡為芳茲沃思之家，他在擴大的腹地上進行造景並增添雕塑品，是保存這件建築珍寶的關鍵人物之一。

知識充電站
建築師密斯凡德羅

早在芳茲沃思之家之前，密斯在歐洲即以1929年巴塞隆納世博會的德國會館(Barcelona Pavilion，已拆除)，與位於捷克的Tugendhat House而聞名。芳茲沃思之家激發了當時的MoMA館長、美國建築師菲利浦強森(Phillip Johnson)設計出著名的Glass House(位於康乃迪克州)，1958年他與密斯合作完成了紐約公園大道上的Seagram Building。

East Side of the Loop

芳茲沃思之家小旅行

2003年，為了保留芳茲沃思之家的完整性，美國的非營利組織，歷史保存國家信託基金會與伊利諾州古蹟協會募集了基金，於紐約的拍賣會以$750萬買下這裡，並於2004年開放供世人參觀。

1.落地窗讓視野不受侷限，屋外的樹林與Fox River盡收眼底／2.開放參觀以來，芳茲沃思之家一直是建築迷熱衷的焦點／3.芳茲沃思之家的廚房與主臥安排在建築物背面／4.購票處同時也是禮品部，商品大多與密斯有關

旅行小抄

巴士之旅

建議參加芝加哥建築基金會的芳茲沃思之家巴士之旅(Farnsworth House Plus by Bus)，約7.5小時，可一併參觀密斯其他作品，如湖濱大道860-880號公寓(P.119)、伊利諾理工學院(P.183)等。旅費含交通、午餐與專人導覽。

鐵路之旅

自聯邦車站出發，可搭Metra BNSF至Aurora站，或搭Amtrak至Plano站，再轉計程車(車程約35分鐘)。建議自備餐點。

參觀須知

自行前往者請提早至遊客中心報到，導覽時間約60分鐘，從遊客中心至目的地需經林徑小路約1.6km，請穿著方便行走的鞋子(入內參觀需脫鞋，並要穿著襪子才能入內)。

拍照須知

室外可拍照(但不可使用三腳架)；室內拍照僅限於週間參觀者，但需額外付費$10(且有時間限制)。

信賴大廈
Reliance Building
現代摩天大樓始祖

✉ 32 North State Street │ ➡ 捷運Washington、Lake站。公車(2)、6、20、29、36、56、60、62、146、147、151 │ 🏛 市級、州級與國家級古蹟 │ MAP P.12-A2

建造於1891年的信賴大廈，以其鐵框鋼骨結構與玻璃帷幕外牆等兩大特點，被公認為現代摩天大樓的始祖。它也是芝加哥學派建築的典型代表：具有底部、中段、頂端的三部設計與「芝加哥窗」(亦即由中間一大塊長方形固定玻璃，與兩側兩片可上下拉動的狹長型窗框所組成的窗戶)。

柏翰(Daniel Burnham)與路特(John Wellborn Root)是最初的建築師。路特對大樓能繼續朝上增建有相當貢獻，可惜他在尚未完工前辭世，所幸接替者艾特伍(Charles Atwood)不負眾望地完成任務，並成功地將大廈推高到16層樓。美國建築師協會於2004年票選信賴大廈為10年來保存最佳的芝加哥建築物。

水樓
Aqua Tower
被波浪覆蓋的大樓

✉ 221 North Columbus Drive │ ➡ Columbus Drive上，位於Randolph Street與Wacker Drive之間。捷運Randolph、Washington站。公車3、4、6、(20)、60、124、151、157 │ MAP P.12-B1

晴空下從千禧公園往北看，水樓，一棟宛如被藍色小湖與白色波浪覆蓋的82層高樓，意喻著這個大都會所緊鄰的大湖區與湖邊層迭的石灰岩地形，而它也似乎在訴說與期待建築能帶給城市的另一種可能。

水樓是女建築師珍妮甘(Jeanne Gang)

所領導的在地建築事務所Studio Gang Architects所設計的首座摩天大樓，完工於2010年。大樓內部是立方體，白色凸起處是利用水泥塑型而成，寬度從60～365公分不等，寬一點的可作為陽台。凸起處具有緩和強風的功用，削薄的邊緣能幫助排水，不規則狀的安排能避免上下樓層的視野互相阻擋。

珍妮甘認為，在面對當前社會最迫切需要處理的議題上(例如都市化問題)，建築師具舉足輕重的影響力且應當有所貢獻，因城市規畫是一體兩面，有可能帶給人們更有意思的生活，但也可能會淪為惡夢一場。她對於挑戰傳統建材的極限，與對各種不同用途的建築所投入的美學與技術獨創性，使她獲選2011年麥克阿瑟會員(MacArthur Fellows)。其事務所也關心如何透過建築找回都會裡的生物多樣性，例如林肯公園動物園南端的自然步道(Nature Boardwalk)，以及重新改造博物館園區旁的Northerly Island，都是同時把「人」與「自然」納入考慮的設計。

東威克大道35號
35 East Wacker Drive Building
變形金剛電影場景

✉ 35 East Wacker Drive｜🚇 捷運Lake、State站。公車(2)、6、146、(148)｜🏛 市級古蹟｜MAP P.12-A1

原名為珠寶商大廈(Jewelers Building)，立面極富古典美感，高40層樓，為當時芝加哥陶瓦大樓之最。從入口處往上看，可見2、3樓間的牆壁上有橢圓裝飾徽章刻著縮寫「JB」和建成年代「AD 1926」。為了保護來此交易的珠寶商，2～22樓最早是室內停車塔，車子開入電梯後以機械控制送

到指定位置，有創意但可惜實用性不佳，最後這些空間就改成出租辦公室。最上部17層為圓頂塔樓(墨菲與楊建築事務所就在此)，其上、中、下段的角落也以小塔為裝飾，電影《變形金剛》(Transformers: Dark of the Moon)就曾以這裡作為正邪兩派的打鬥場景。

1.從Kemper Building頂樓可清楚看到東威克大道35號最上部的圓塔外觀／2.東威克大道35號落成於1926年，隔壁Kemper Building落成於1962年

華盛頓圖書館
Harold Washington Library Center
資源豐富的知識寶庫

✉ 400 South State Street｜📞(312)747-4300｜
🌐 www.chipublib.org｜🕐週一～四09:00～
21:00，週五、六09:00～17:00，週日13:00～
17:00｜🚫元旦、國慶日、勞動節、感恩節、聖誕
節｜💲成人$25，學生與65歲以上長者$19｜➡️
位於South State Street與Congress Parkway交叉
口，捷運Jackson、H.W. Library站。公車(2)、6、
(10)、29、36、62、145～147｜🔊免費｜🗺️
P.12-A3

以首位黑人市長為名的華盛頓圖書館，
宛如一顆紅色巨石矗立在川流不息的街
道中。它的龐大是全美公立圖書館之最，
占地近76萬平方呎，樓高10層，每層各有
分類主題(例如1樓是電影DVD借閱區、2
樓是兒童圖書館、4樓是商業／自然／科

技區、8樓是人文藝術區及鋼琴練習室(可
預約琴房)，頂樓則有供人用餐休憩的冬季
庭園(Winter Garden)，入口處的左邊是哈
洛德華盛頓市長的紀念展區，再往內走，
有個特別館藏區，有許多珍貴的典藏書
籍，例如1873年維多利亞女王與英國國民
的贈書，以及與1893世界哥倫布博覽會有
關的收藏品。

圖書館的建成年代是1991年，建築團隊
是Hammond, Beeby & Babka，儘管它的
後現代造型飽受非難，但終究還是芝加哥
市民投票選出的理想設計。由圖書館策畫
的推廣活動，包括與芝加哥知名博物館合
作的Kids Museum Passport，或是與拉維
尼亞音樂祭合作的Words and Music，如果
家中有小孩，可以使用借書證借到免費通
行證，詳情請見圖書館網站。

1.圖書館外觀顯眼／**2.**館內藝術收藏品／**3.**頂樓的冬
季庭園，是愛書人的閱讀溫室

知識充電站

有趣的市民共讀活動

「One Book，One Chicago」市民共讀，是由市立圖書館自2001年
起開始舉辦的活動，藉由推薦一本好書使大家同享閱讀與批判的樂趣，
並結合其他藝文活動使共讀的過程更加豐富生動。曾經上榜的書籍包括
《梅岡城故事》(To Kill a Mockingbird)、《醫生的翻譯員》(Interpreter of
Maladies)、《無有鄉》(Neverwhere)、《偷書賊》(The Book Thief)等。

購物娛樂

美漫迷的淘寶天堂

全麥薄餅漫畫店
Graham Crackers Comic Books

✉ 77 East Madison Street │ ☎ (312)629-1810 │ http www.grahamcrackers.com │ ⏰ 週一～五10:00～20:00，週末11:00～18:00 │ ℹ 每月第三個週四19:00是Ladies Night，女性購物可享10%折扣 │ ➡ 捷運Madison站，鄰近Madison Street與Michigan Avenue交界 │ MAP P.12-B2

漫畫是美國文化的重要一環，舉凡《蝙蝠俠》、《綠巨人浩克》都是由漫畫紅到電影的經典之作，而近年漫威電影、星際大戰等不斷推出新作，都帶動相關產品的熱賣。此外也有販售年輕人喜愛的《探險活寶》漫畫。

中價位百貨商圈

State Street 購物街

✉ State Street，介於Randolph Street與Jackson Boulevard之間 │ MAP P.12-A2

1865年，State Street還是一條尚未鋪設石子路的狹窄街道，商業狀況並不如Lake Street熱鬧；但在1867年後，有「芝城零售王子」之稱的商人帕瑪(Potter Palmer)轉投資房地產，為State Street帶來了蛻變。他出資新建Palmer House Hotel，並遊說友人Marshall Field和Levi Leither在此設店，開啟了百貨公司Marshall Field & Company的前身。

現在State Street與Randolph Street交界有Macy's百貨公司和Block 37(內有服飾品牌Zara、Anthropology等)。Nike在32號開了「32 South State」，專賣麥可喬丹系列商品，值得造訪。其附近也有Forever 21、Urban Outfitters與美術用品Blick Art Materials，鞋子專賣店Crocs、Foot Locker等。一般來說，State Street的商店走平價路線，也嘉惠了附近的遊客、學生和上班族。

劇院區
Theatre District

✉ Randolph Street，介於Michigan Avenue與 Wells Street間｜🌐 www.chicagoplays.com，www.broadwayinchicago.com｜ℹ️ 老劇院大多有提供室內導覽服務，可上網查詢｜🗺️ P.12-A1

路普區內的Randolph Street是著名的芝加哥劇院區。豎著紅底白字「CHICAGO」招牌的芝加哥劇院(Chicago Theatre，175 North State Street)落成於1921年，目前已列入市級古蹟，它曾以豪華的古典復興建築風格贏得「全球最夢幻劇院」的封號。演唱會、歌舞劇、喜劇與舞蹈為主要

表演節目。

福特表演中心(Ford Center for the Performing Arts，24 West Randolph Street)、凱迪拉克劇院(Cadillac Palace，151 West Randolph Street)、CIBC劇院，22 West Monroe Street)、會堂劇院(Auditorium Theatre)、以及近北區的竹瑞街戲院(Drury Lane Theatre，175 East Chestnut Street，現稱Broadway Playhouse at Water Tower Place)為「Broadway in Chicago」的表演劇場，喜歡百老匯音樂劇的人千萬不能錯過在芝加哥欣賞《漢米爾頓》(Hamilton)、《心碎

知識充電站

芝城劇場小史

1837年10月，來自美東的戲劇製作人把芝城第一家旅社Sauganash Hotel(Sauganash為印第安帕塔瓦米語「英國人」之意)閒置的餐廳改裝成小型劇場，並提供每季約30場的表演，使得看戲從此成為芝加哥人的娛樂之一。1902年《綠野仙蹤》(The Wizard of Oz)音樂劇在芝加哥首演，隔年移師紐約百老匯並在兩年間公演了近300場。1929年經濟大蕭條重創各行各業，也使許多劇場界的藝術工作者頓失工作，所幸美國政府於1935~1939年啟動了「聯邦劇院計畫」(Federal Theatre Project)進行扶植，不僅使藝術工作者得以發展長才，也保留住這個重要的文化產業。

旅店》(Heartbroken Hotel)、《貓》(Cats)、《長靴妖姬》(Kinky Boots)等知名劇作。

　以尊崇芝加哥劇作家肯尼斯古德曼Kenneth Sawyer Goodman為名的古德曼劇院(Goodman Theatre，170 North Dearborn Street)始營業於1925年，早期曾於芝加哥藝術學院設立劇院與同名的戲劇學校，爾後轉由帝博大學(DePaul University)經營，劇院則在2000年喬遷於現址。古德曼劇院以舞台劇與自製戲劇聞名。

1.Randolph Street上的《心碎旅店》宣傳，後方為凱迪拉克劇院／2.《漢米爾頓》近年很夯／3.芝加哥劇院／4.古德曼劇院／5.在古德曼劇院內等待開幕的戲迷／6.《長靴妖姬》看板／7.CIBC劇院

旅行小抄

Hot Tix折扣票服務

　除各家劇院的售票亭之外，Hot Tix亦售有折扣票，購票前不妨先比價。

✉ 72 East Randolph Street與108 North State Street｜🕐 週二～六10:00～18:00，週日11:00～16:00｜🚫 每週一、元旦、感恩節、聖誕節｜http www.hottix.org｜MAP P.12-A1

百年歷史德式餐廳
The Berghoff

📧 17 West Adams Street｜📞 餐館Berghoff Restaurant：(312)427-3170，咖啡館Berghoff Café：(312)427-7399｜🌐 www.theberghoff.com ｜🕐 餐館：週一～五11:00～21:00，週六11:30～21:00。咖啡館午餐：週一～五11:00～14:00，無晚餐服務｜💲 餐館約$13起，咖啡館約$6起｜➡️ Adams Street上，介於Dearborn Street與State Street之間｜🗺️ P.12-A2

以製造德國啤酒起家的Berghoff是一家擁有百年歷史的餐廳，第一任老闆Herman Berghoff在1893年世界博覽會銷售啤酒獲得信心後，旋即在1898年創辦Berghoff Caf，並以買酒送三明治的促銷手法打開了市場。1933年，Berghoff成為禁酒令解除後第一家拿到執照的酒商，而此時的

格局也不再只是個小酒館，而是間規模完善、令芝加哥人趨之若鶩的德式大餐廳。

在後代改變經營方針之下，Berghoff老餐廳於2005年底以107歲之齡退休，但供應酒和料理的餐館，以及位於地下室提供簡餐的咖啡館都仍繼續營業；酒類選擇很多，也有無酒精的招牌麥根酒(Root Beer)。推薦給想體驗老芝加哥經典餐館的你。

夜貓子也能吃到的芝加哥披薩
Pizano's Pizza & Pasta

✉ 61 East Madison Street │ ☎ (312)236-1777 │
🌐 www.pizanoschicago.com │ 🕐 週一～五、日
11:00～02:00，週六11:00～03:00 │ 💲 主餐約$16
起 │ ➡ 位於捷運Madison站東邊 │ MAP P.12-A2

想輕鬆地大啖美食？氣氛熱絡的
Pizano's應該是不二之選。本店為芝加哥
厚片披薩創始者Pizzeria Uno老闆Rudy
Malnati Sr.的兒子Junior於1991年所開
設，主要供應披薩(厚片、薄片皆有，推薦
品為Rudy's Special)、三明治(推薦品為
Chicken Parm Sandwich)、通心麵以及義
式雞肉料理。若想來碗飽足感十足的熱
湯，可以考慮覆滿一大片厚厚巴馬乾酪的
Minestrone。甜點則有自製起司蛋糕與餅
乾。打烊時間很晚，所以也很適合晚上出
門覓食的夜貓子。

一日活力的開始
HERO Cafe (Printer's Row)

✉ 439 South Dearborn Street │ ☎ (312)631-3269
│ 🌐 www.hero-coffee.com │ 🕐 週一～五07:00～
17:00，週末07:00～13:00 │ 💲 早餐三明治約$4起
│ ➡ 捷運H.W. Library站往南，位於Dearborn
Street與Congress Pkwy路口 │ MAP P.12-A3

投宿在路普區南端，可考慮到這家
HERO Cafe享用簡單好吃的早餐與咖啡。
這裡客人不斷來來去去，生意很好，菜單
列在吧檯左側牆壁上，選項有早餐貝果三
明治、沙拉、三明治或瑪芬等，建議決定好
再排隊點餐。三明治現點現做，可能需稍
微等候，但是價格、分量與美味程度不會
讓你失望。

於22 East Jackson Street有間只賣咖啡
的分店，店家藏身於一條掛著燈泡吊飾的
紅磚無尾巷內，氣氛不錯，平日營業至
18:00。MAP P.12-A2

料多味美的人氣三明治
Potbelly

200 South Michigan Avenue │ (312)428-2971 │ http www.potbelly.com │ 週一～四06:30～22:00，週五06:30～23:00，週六10:00～23:00，週日10:00～21:00 │ $ 早餐三明治約$3.5起，午餐三明治約$5.5起 │ 捷運Adams站，位於Art Institute對面 │ MAP P.12-B2

1977年，Potbelly三明治由圓形火爐修繕師父Peter Hastings在Lincoln Avenue所經營的骨董店開始販售。1996年，新老闆買下所有權後，不僅延續骨董店的懷舊裝潢風格，也將Hastings喜歡在店內播放音樂的習慣，改為樂手現場演出(不是每家店都有)。Potbelly料多、新鮮、美味，點餐順序類似Subway，可自選麵包種類與佐料，想吃得更健康，可考慮Skinny選項，若想找甜點，也有奶昔與冰淇淋三明治喔。路普區裡有其他分店，如芝加哥劇院斜對面(190 North State)，以及歷史建築鳥屋裡(見P.86)。

1.旅遊時要記得多攝取含有蔬菜的食物／**2.**點餐看板／**3.**South Michigan分店採光很好／**4.**每家Potbelly裝潢不盡相同，但都強調骨董風

旅行小抄

百家爭鳴的速食風潮

　　現代人的生活已經跟速食餐飲分不開，而在芝加哥街頭，每隔一段時間也會出現新品牌。近期的品牌尤其以新鮮、健康為訴求，例如位於33 North Wabash Avenue的Goddess & The Baker就是源自芝城的在地店，另外還有從多倫多來的freshii，以及英國的Pret a Manger。在路普區，午餐時間也會有街頭快餐車，甚至有的外燴公司會到大樓大廳擺攤，都是快速又方便的用餐選項。

體驗俄式風華的小餐館
Russian Tea Time

✉ 77 East Adams Street │ ☎ (312)360-0000 │
http www.russianteatime.com │ ⏰ 週二～四16:00～
21:00，週五～六11:00～23:00，週日11:00～
21:00。下午茶週五～日14:30～16:30 │ 💲 主餐約
$14起，全套下午茶一份$29.95，另外也可單點 │
➡ 位於Adams站與Art Institute之間 │ ❓ 請事先
訂位；餐廳於夏季有可能會提早打烊 │ MAP P.12-A2

　　主打俄羅斯皇室與前蘇維埃時期餐點
的Russian Tea Time是一家特別的餐廳。

從進門的那一剎那起，木造別致裝潢與輕
聲細語、從容用餐的客人(大多為長者)，會
讓人有穿越時空回到過去的感覺。餐點之
外，許多人是為了伏特加而來，不飲酒的人
則可以考慮來杯俄羅斯茶，喜歡的話還可
以跟店家購買茶包。

芝加哥的茶飲專賣店
Argo Tea

✉ 16 West Randolph Street │ ☎ (312)324-3899
│ http www.argotea.com │ ⏰ 週一06:30～22:00、
週二～五06:30～23:00、週六08:00～23:00、週日
08:00～21:00 │ ➡ 緊鄰福特表演中心 │ MAP P.12-A1

　　以宛若星巴克之勢異軍突起的Argo
Tea是芝城內少見的茶專賣店，使用造
型簡潔的Mono Filio
Teapot現泡單杯份茶
飲，有來自斯里蘭卡、印
度、日本、中國的多種紅
茶、綠茶、白茶、花草茶，
特調品如取名頗富創意的

Smootea®、Teappuccino®等，以及季節性
茶款(例如春天的Irish Cream Tea Latte®，
秋天的Pumpkin Chai)。多數分店平日在
05:30～07:00就開始營業，供應早餐、
Panini、沙拉等副食。

路易斯安那州的特種美食
Heaven on Seven

✉ 111 North Wabash Avenue, 7th Floor │ ☎
(312)263-6443 │ http www.heavenonseven.com │
🄲 早、午餐：週一～五10:00～16:00，週六
10:00～15:00。晚餐：週四17:30～21:00，週五
～六17:30～22:00 │ 💲 主餐約$10起 │ ➡ 位於路
普區Wabash Street與Washington Street交界 │ MAP
P.12-A2

食用Gumbo濃湯請攪一攪喔！

　　氣氛拘謹的辦公大樓裡有著一間色彩繽紛的餐廳，牆上五花八門的辣椒醬、串珠和化裝舞會面具在熱絡地招呼著：歡迎來到七樓天堂！

　　最早是Bannos家族經營的普通食館，因身為廚師的兒子Jimmy對於路易斯安那州食物的熱愛，於是在1985年更名為七樓天堂，以提供Cajun & Creole美食為主。

　　來到這裡，不免俗地要品嘗Gumbo濃湯(由麵粉糊Roux為湯底，和蔬菜、肉、香料、辣椒一起燉熬，上桌前再加入熟米飯)，天冷時尤其更能顯出湯頭的熱蘊；其他料理有搭配海鮮、肉類、Andouille香腸

或豆子的蔬菜沙拉、法國棍子麵包包覆的三明治Po'Boy、什錦飯Jambalaya，以及玉米馬芬(Corn Muffin)和甜派等。

　　Jimmy之子於密西根大道上開了地中海料理店The Purple Pig，2009年開幕以來廣受好評，連年受米其林收錄，有青出於藍更勝於藍的氣勢。

http thepurplepigchicago.com

知識充電站

Cajuns & Creoles族群與美食特色

　　路易斯安那州的特殊族群。Cajuns是原先定居於加拿大東部沿岸Acadia區域的法國人，因受到英國人迫害而來到美國南端的法國殖民地南路易斯安那。Creoles泛指出生於紐奧良，而祖先是來自非洲、加勒比海、法國或西班牙的法／西後裔。兩個族群皆把傳統法式料理融入路易斯安那州的地方特產(如海鮮、辣椒、秋葵Okra、米等)，創造出名列「最佳美國本土料理」之一的Cajun & Creole美食。菜單中常見的Jalapeño、Habanero是辣椒名，Voodoo是特調巫毒醬，Tasso Ham是煙燻調味豬肩肉，Mardi Gras則是指齋戒開始前一天的「油膩星期二」，代表該道菜能帶來相當大的飽足感。

住宿情報

館、電腦室、廚房(可以儲藏與烹調食物)、餐廳、洗衣間等設施。房間以性別區分,並有內含與不含衛浴兩種形式,前者可容納4或8人,後者為10人。每層樓進出都由鑰匙卡控制。旅館有提供博物館、租車行與觀景臺的優惠券,可多加利用。

經濟實惠又可認識各國背包客
HI Chicago Hostel

✉ 24 East Congress Parkway │ ☎ (312)360-0300 │ http www.hiusa.org,選擇HI Chicago │ 💲約$30〜36(未稅;若未攜帶國際青年旅館卡每天需另付$3)。私人房數量有限,含衛浴未稅$139起,不含衛浴未稅$69〜89。10人以上住宿另有優惠 │ ➡ 位於Congress與Wabash Street交叉口。捷運Adams、Jackson、H.W. Library站 │ 🔞 18歲以下青少年需有成人陪同住宿。每日07:00〜10:00免費供應早餐 │ ◀)) 免費 │ MAP P.12-A3

芝加哥國際青年旅館坐落在CTA高架鐵道旁一棟1886年紅色磚瓦大樓內,曾多次名列全球最佳大型青年旅館。內部空間乾淨寬敞,有500個床位、交誼廳、圖書

▲(圖片提供© Hostelling International-Chicago)

Fairmont是家格調高雅、服務親切的旅館,常為重要會議的舉辦場地,也是許多政治人物選擇下榻的旅館之一。鄰近芝加哥河、千禧公園與芝加哥建築基金會中心等地。寵物可同行。

百年旅店品牌
The Fairmont

✉ 200 North Columbus Drive │ ☎ (312)565-8000 │ http www.fairmont.com/chicago │ 💲約$179起 │ ➡ Columbus Drive上,位於Randolph Street與Wacker Drive之間。捷運Randolph、Washington站。公車3、4、6、(20)、56、60、147、151、157 │ ◀)) 大廳提供免費WiFi │ MAP P.12-B1

▲▶(圖片提供© The Fairmont Chicago)

友善寵物的精品旅館

Hotel Monaco

✉ 225 North Wabash Avenue | ☎ (312)960-8500 | http www.monaco-chicago.com | 💲 約\$115起 | ➡ 介於Wabash Avenue與Wacker Drive交界。捷運State / Lake站 | 📶 加入IHG會員可享免費WiFi | MAP P.12-A1

Hotel Monaco是Kimpton Group旗下的精品旅館,房間用色年輕明亮,緊鄰馬路的房間有窗邊沙發供客人欣賞夜景。寵物可同行。

▲(圖片提供© Hotel Monaco Chicago)

原為銀行大樓

Virgin Hotels

✉ 203 North Wabash Avenue | ☎ (312)940-4400 | http virginhotels.com/chicago | 💲 淡季約\$120起 | ➡ 介於Wabash Avenue與Wacker Drive交界。捷運State / Lake站 | 📶 免費 | MAP P.12-A1

由市級古蹟 Old Dearborn Bank Building 改造(建築師 為設計芝加哥

劇院的Rapp & Rapp兄弟),是知名的維京集團(Virgin Group)旗下首間旅館。內部保留了許多原本的古典裝飾,2樓大廳以流線垂燈設計打造現代感,客房設計也充滿巧思,提供建築迷另一個新的住宿選擇。

三角形玻璃帷幕建築

Swissôtel

✉ 323 East Upper Wacker Drive | ☎ (312)565-0565 | http chicago.swissotel.com | 💲 約\$159起 | ➡ 介於Columbus Drive與East Wacker Drive交界附近。捷運State、Randolph站 | 📶 免費 | MAP P.12-B1

Swissôtel Chicago坐落在建築師維斯(Harry Weese)所設計的三角形玻璃帷幕大樓裡,面朝芝加哥河與密西根湖,是欣賞湖景與煙火秀的好地點。

▲(圖片提供© Swissôtel Chicago)

新潮熱鬧,緊鄰捷運站

theWit Hotel

✉ 201 North State Street | ☎ (312)467-0200 | http thewithotel.com | 💲 約\$130起 | ➡ 捷運State / Lake站,位於State Street與Lake Street交界東北角 | 📶 免費 | MAP P.12-A1

這家外觀新潮的旅館,坐落在一個交通便利的角落,隔著Lake Street往南走幾步就是芝加哥劇院,State Street對面是販賣包子麵食的WowBao餐廳。喜歡夜生活的人,不要錯過位於27樓玻璃屋裡的ROOF酒吧餐廳,營業時間自14:00起,由於相當熱門,建議事先訂位,並留意穿著打扮。

北美營業最久的旅館 🛏️ᶻᶻᶻ

The Palmer House Hilton

✉️ 17 East Monroe Street ｜ 📞 (312)726-7500 ｜ 🌐 www.hilton.com ｜ 💲 約\$135起 ｜ ➡️ 藍／紅線 Monroe或Madison、Adams站 ｜ 🔊 大廳提供免費 WiFi ｜ 🗺️ P.12-A2

　　身為市級古蹟的Palmer House，位於State Street購物區，鄰近藝術學院美術館與千禧公園，公共交通便利。它是北美持續營業最久的旅館(自芝加哥大火後至今)，也是全美第一家使用防火建材的旅館。大廳內裝富麗堂皇，法式手繪壁畫與挑高的空間令人屏息，相當值得一訪。寵物可同行。

▲ (圖片提供© The Palmer House Hilton)

體驗在水樓的現代空間 🛏️ᶻᶻᶻ

Radisson Blu Aqua Hotel

✉️ 221 North Columbus Drive ｜ 📞 (312)565-5258 ｜ 🌐 www.radissonblu.com/aquahotel-chicago ｜ 💲 約\$161起 ｜ ➡️ Columbus Drive上，位於 Randolph Street與Wacker Drive之間。捷運 Randolph、Washington站。公車3、4、6、(20)、60、124、151、157站 ｜ 🔊 免費 ｜ 🗺️ P.12-B1

　　Radisson Blu在美國的第一家旅館，設立在建築師珍妮甘(Jeanne Gang)所設計的水樓中。房內裝潢新穎且具現代居家氛圍，較高等級的房型內含Espresso咖啡機。具室內與戶外游泳池。寵物可同行。

具有特殊歷史背景的建築 🛏️ᶻᶻᶻ

LondonHouse Chicago

✉️ 85 East Wacker Drive ｜ 📞 (312)357-1200 ｜ 🌐 curiocollection3.hilton.com，搜尋Chicago ｜ 💲 約\$168起 ｜ ➡️ 捷運State / Lake站，位於Michigan Avenue與East Wacker Drive交界西南角 ｜ 🔊 付費 ｜ 🗺️ P.12-B1

　　旅館位於第爾本要塞舊址，坐擁密西根大道橋頭的壯麗景致。這棟1923年落成的市級古蹟，原是建築師奧修勒(Alfred S. Alschuler)所設計，業主為英國保險公司 London Guarantee & Accident Company，1950～70年代間，1樓曾為當時極有名氣的London House Jazz Club，「瘦皮猴」法蘭克辛納屈也在此表演過。近年由Oxford Capital Group高價買下，於2016年轉型成高級旅館，21～23樓為可眺望芝加哥河多座橋梁的屋頂酒吧。

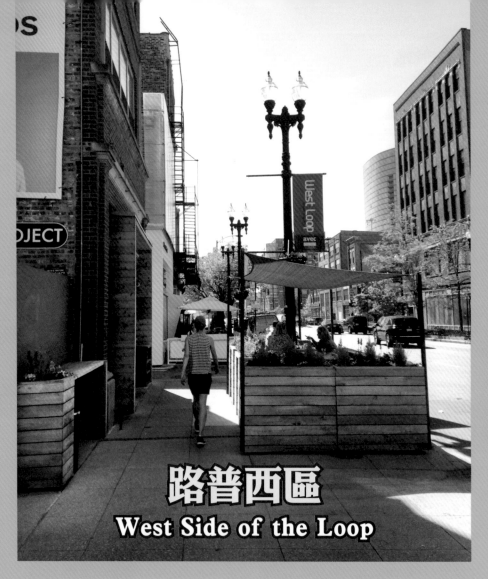

路普西區
West Side of the Loop

　　路普西區主重行政與金融，上班時間非常熱鬧，是遊歷芝加哥不能忽略的地方，這裡有1974～2014年稱霸美國天際線的希爾斯大樓(Sears Tower，現稱威利斯大樓Willis Tower)、全球最早進行期貨與選擇權交易的場所：芝加哥期貨交易所(CBOT)、和現存最古老的CTA捷運站昆西站(Quincy)等。另外，許多重要行政機關也設立在此，而流經的南芝加哥河畔也有著一番不同的風景。河西側的路普西區，有聯合車站(Union Station)與歐格維運輸中心(Ogilvie Transportation Center)，兩個火車站內有多條鐵路路線，因進出的旅人與通勤族人數眾多，附近也有不少知名餐廳。

熱門景點

芝加哥期貨交易所
Chicago Board of Trade Building

全球第一個衍生性商品交易中心

📧 141 West Jackson Boulevard ｜ ➡捷運 Quincy、LaSalle、Jackson站。公車(1)、7、22、24、(28)、36、62、126、(134)～(136)、151、156 ｜ 🏛市級與國家級古蹟 ｜ MAP P.13-C3

芝加哥位處中西部穀倉區且為交通樞紐，十九世紀中葉前就已是重要農產集散地；為保障買賣雙方的下一筆交易，期貨交易所於1848年成立，是全球第一個衍生性商品交易中心。芝加哥期貨交易所坐落在LaSalle Street金融區之底，目標顯著。底層的大時鐘兩側分別有農民與印地安人手持小麥與玉米穗，大樓頂端立著一尊史托爾(John Storr)設計的鋁製穀物司女神，貼切地傳達出「穀物聖殿」的意象。

大樓是侯拉柏與路特(Holabird & Root)在1930年建造，採裝飾藝術建築風格，形似紐約帝國大廈，包含穀物司女神共184.4公尺，曾讓它稱霸芝加哥天空35年之久，爾後才被戴利中心超越。墨菲與楊建築事務所(Murphy／Jahn Architects)於1983年完成23層樓高的南棟增建館，並為交易所設計了一個八角形的新標誌。

1.穀物司女神像／2.穀物聖殿CBOT有著一股莊重威嚴的氣質／3.大時鐘兩側有手持小麥的農民與玉米穗的印第安人

鳥屋
Rookery Building

建築大師們的傳世之作

✉ 209 South LaSalle Street | ➡ 捷運Quincy、LaSalle、Jackson站。公車(1)、7、22、24、(28)、36、62、126、(134)～(136)、151、156 | 🏛 市級與國家級古蹟 | MAP P.13-C2

位於LaSalle Street與Adams Street交叉口的紅棕色古老建築就是赫赫有名的鳥屋。這個位置曾是芝加哥大火後臨時市政廳與水塔的所在地，另外也是許多找不到地方窩的鴿子的棲息所(Rookery)。為了紀念這段歷史，新大樓於1888年落成後即以Rookery為名，寫實又饒富趣味，而鴿子的圖像也成為大樓的重要裝飾。

鳥屋的建築師是柏翰與路特，它的珍貴之處在於結合了1880年代新舊建築技巧，不但具有舊式的石牆外表，也擁有新型態的骨架框結構。金白兩色交替、潔淨亮眼且精雕細琢的天井式中庭是另一曠世之作，這是1905～1907年萊特受聘整修完成，由招牌吊燈與大花盆即可清楚看出他的存在。

1.大樓轉角的牆壁上刻有緊鄰的街道名稱／**2.**巨大紅棕色花崗岩是鳥屋的外部建材，給人穩重堅固的感覺／**3.**1樓中庭保留了一道大樓原始的馬賽克地磚／**4.**從2樓往上的樓梯，鏤空花雕與優美的線條很吸睛／**5.**路過鳥屋時，一定要進入大廳欣賞美不勝收的室內空間／**6.**萊特信託基金會於1樓設有禮品店，亦提供室內導覽(http cal. flwright.org/tours/rookery)／**7.**從電梯晶亮的外觀就能知道大樓受到用心的維護

旅行小抄

天井式中庭

　　天井式中庭一般存在於占地廣闊的大樓中，是1880年代晚期到1910年間在芝加哥非常盛行的設計。它讓大樓內部擁有明亮的採光，目的是為了吸引承租者的青睞，如果再搭配上美麗的內裝，更可藉此提高大樓價值，是個相當聰明的商業手法。

老建築裡處處隱藏著設計師的細膩心思▶

湯普森中心
James R. Thompson Center
建築師的異想公共空間

✉ 100 West Randolph Street │ 🚇 捷運Clark站。公車22、24、(134)～(136)、156 │ 🅜 P.13-C1

▲湯普森中心是州政府辦公大樓也是重要觀光景點

湯普森中心目前是伊利諾州政府中央管理服務部(The Illinois Department of Central Management Service)位於芝加哥的辦公大樓，建築師楊(Helmut Jahn)把他在CBOT增建館使用的大膽顏色與開放空間延續到此，並設計出類似扇型的不規則外觀，儘管外界對這樣的表現手法褒貶不一(有的認為令人屏息，有的認為過於笨重)，但仍舊可感受他為了活潑制式政府空間所做的嘗試與努力。大樓底層有美食街與購物區，中庭則常舉辦藝文活動。東南街口的白色玻璃纖維雕塑是法國藝術家杜布菲(Jean Dubuffet)的作品《Monument with Standing Beast》。

▲從內部才能看出有許多樓層

芝加哥美國聯邦政府中心
Chicago Federal Center
充滿現代主義的辦公大樓

West Side of the Loop

✉ 介於Jackson Boulevard與Adams Street間的Dearborn Street上 │ 🚇 捷運Jackson站。公車(1)、7、22、24、(28)、36、62、126、151 │ 🅜 P.13-C2

這是密斯凡德羅在路普區的唯一作品，3棟樓高矮各異，卻依舊充分表達出大師對現代主義與簡潔主義建築的執著。僅一層樓高的是聯邦郵政局(Federal Post Office)，入內參觀，你會發現它的內部如同伊利諾理工學院裡的Crown Hall一樣沒有柱子存在。南邊是高45層

▲美國藝術家卡爾德(Alexander Calder)的火紅鋼鐵作品《Flamingo》置放於3棟樓之中，再搭配留白的廣場，巧妙地平衡了路過者的視覺與心靈感受

樓的Kluczynski Federal Building，隔著Dearborn Street則是30層樓的Dirksen Federal Building。

莫內德諾克大樓
Monadnock Building

集新舊高樓建築技術於一身

✉ 53 West Jackson Boulevard │ ➡ 捷運Jackson、H.W. Library站，位於Jackson Boulevard和Dearborn Street交界西南角 │ 🏛 市級古蹟 │ 🗺 P.13-C3

這棟狹長的大樓同時有著舊式與新式的高樓建築技術：靠近Jackson Boulevard的北棟落成於1891年，採用牆面支撐(wall-bearing)撐起16層樓，最明顯的證明就是1樓寬達6呎(約183公分)的厚重石壁；靠近Van Buren Street的南棟落成於1893年，則採用鋼骨結構(Steel Frame)，因無需以牆作為支柱，平行窗戶間的牆壁距離就縮短了，而窗戶也得以加寬。

尚未建造前，這一帶以簡陋的單層木屋居多，也沒有熱絡的商業環境，當出資者奧迪斯(Owen Aldis)找上柏翰與路特蓋樓

知識充電站｜莫內德諾克大樓命名由來

Monadnock(muh-NAD-nok)在英文裡是指平地上的獨立山丘，或經過侵蝕後殘餘的岩堆。美國東部新罕布什爾州(New Hampshire)有一座Monadnock Mountain，它就是莫內德諾克大樓名字的來源。此外，大樓內有4個系統獨立的區間，除了北區名為Monadnock且保留至今外，其他依序為Kearsarge、Wachusetts、Katahdin，它們也都是美東的山名。

時，城裡的人都認為他腦袋有問題，但北棟即將完成時竟出現熱烈反應，促使奧迪斯決定往南加蓋。此時路特染上肺炎並於1891年初辭世，而柏翰因面對1893年世界博覽會會場的興建工程也無暇顧及，最後請到侯拉柏與羅許承接南棟的設計與建造，他們在發揮自己的建築特色並兼顧南北棟外表的和諧下，成功完成託付。

由Dearborn Street對街可以欣賞莫內德諾克的兩種風情。北棟的紫棕色牆面毫無裝飾；1、2樓銜接牆角為內縮的弧形曲線；大門與窗戶都是矩形線條；屋頂稍厚、屋簷突起的部分並不顯著。南棟呈直線造型；2樓與16樓有拱型窗，頂樓的銅製屋簷較薄且底下也多了一層空間。

▲莫內德諾克大樓(左)南北兩棟建築手法不同，站在Dearborn Street或是捷運月台上能清楚比較出不一樣的地方。圖右為費雪大樓(見P.27)

湯普森中心、芝加哥美國聯邦政府中心、莫內德諾克大樓

芝加哥市政府與庫克郡大樓
City Hall-County Building

侯拉伯與羅許的經典之作

✉ 121 North LaSalle Street／118 North Clark Street，介於LaSalle Street、Clark Street，與 Randolph Street、Washington Street之間｜ http www.cityofchicago.org，www.cookcountyil.gov｜ ➡ 捷運Clark、Washington站。公車20、22、24、56、60、124、157｜🏛市級古蹟｜ MAP P.13-C2

庫克郡與芝加哥市分別成立於1831年1月與1837年3月。1853年起這兩大行政機構就在目前的這塊土地比鄰而居，但當時的建築毀於1871年大火，重建後又因空間不足而需要擴張。從戴利廣場看過去的這面是庫克郡辦公室，其後是市政府。大樓以花崗岩為建材，立面底部以3層樓構成基礎；中段有6層樓，最引人注目的是帶來威信感的哥林多柱，以及各樓層窗戶之間的綠色陶瓦磚；再上去則是3個一組的米字裝飾與窄窗頂樓。

1、2.大樓廳廊屬於市政府規畫的室內行人道(Pedway)之一，民眾可以從這裡穿越街區，順便欣賞美麗的內部設計／**3.**靠近LaSalle Street的大廳有面牆壁鑲嵌著的浮雕品，上面有著不同時期的市政府大樓外觀。參觀時留意一下庫克郡和市政府的電梯門面是否不同？／**4.**大樓外觀有著氣派的神殿式哥林多柱，柱子上端的莨苕(Acanthus)植物裝飾是其特色

West Side of the Loop

第一聯合衛理公會 &布倫瑞克大樓

Brunswick Building & First United Methodist Church

「不做小計畫」的建築物

✉ 69 & 77 West Washington Street | http 第一聯合衛理公會：chicagotemple.org | ➡ 捷運 Clark、Washington站。公車20、22、24、56、60、124、157 | ℹ 第一聯合衛理公會於週二～六14:00與週日09:45、12:15提供「Chicago Chapel in the Sky」免費導覽。10人以上團體請事先致電預約(312)236-4548 | MAP P.13-C2

布滿一格一格玻璃窗的米黃色布倫瑞克大樓(現為庫克郡辦公大樓)，是由SOM建築師葛拉漢(Bruce Graham)、高史密斯(Myron Goldsmith)與法茲勒汗(Fazlur Khan)所設計，落成於1965年。有別於鋼骨結構高樓，它是由混凝土網格牆(Concrete Screen Wall)和混凝土芯管(Concrete Tube)支撐而起，加上隱藏在1樓上方的載重大梁，也因此大樓底部可以用柱子營造出開放的走廊。布倫瑞克大樓在芝加哥建築群裡帶著承先啟後的意義，建築師仿造知名的莫內德諾克大樓，在大梁上方設計了緩和內縮的曲線牆角，而法茲勒汗首創的芯管工法，也為日後打造漢卡克中心與希爾斯大樓立下了基礎。

隔壁的白色尖塔大樓是第一聯合衛理公會。由巡迴牧師於1831年設立的衛理公會可說是城裡最早的教會組織，1838年從芝加哥河北岸搬遷至此，一次世界大戰後並以柏翰的名言「不做小計畫」為激勵，委託侯拉柏與羅許設計新大樓，1924年以The Chicago Temple之名落成，是當時城裡最高的建築。1952年復活節當天，位於頂樓的空中禮拜堂Sky Chapel正式啟用，每年吸引了數以千計的訪客前來參觀。

站在兩棟大樓中間的廣場，可以看到描述第一聯合衛理公會歷史的玻璃彩繪；巨大的複合材質雕塑《Miró's Chicago》出自西班牙大師米羅(Joan Miró)之手，原名為《The Sun, the Moon and One Star》，由下而上所意喻的是大地女神、月亮與發出光芒的星子。

▲2003年10月17日布倫瑞克大樓內的一場火災，奪走6條寶貴生命，形狀蜿蜒的木製座椅是獻給受難者與其親友的紀念作品

戴利中心
Richard J. Daley Center

緬懷芝城最有作為的市長

✉ 50 West Randolph Street，介於Dearborn Street、Clark Street，與Randolph Street、Washington Street之間 | http www.thedaleycenter.com | ➡ 捷運Clark、Washington站。公車20、22、24、56、60、124、157 | MAP P.13-C2

在前市長Richard J. Daley 21年任期內建成的戴利中心，啟用於1966年，是一棟擁有超過一百間法庭的市政大廈。這棟樓常令人誤會是出自密斯凡德羅之手，其實它的主要建築師是布朗森(Jacques Brownson)，他是密斯的學生，也是C. F. Murphy Associates的首席設計師。

布朗森利用加寬的柱子間隔與加高的樓層距離賦予法庭開闊高挑的空間(但法庭的室內燈光使用日光燈加白熱燈，

營造出青灰色、森嚴的感覺)；採用Corrosive Tensile (Cor-Ten) Steel，給了大樓如標準鋼鐵般強韌、但較不易腐蝕的鋼材骨架，

而這種建材本身也會隨著時間自然加深鏽色。把廣場設計在南邊，這是為了不影響西側的市政府與庫克郡大樓視野，所做的貼心設計。

南邊廣場豎立著全市最出名的公共藝術品之一：畢卡索利用Cor-Ten Steel，於1967年完成的未命名巨型雕像(亦有Picasso或Chicago Picasso之稱)。有人說這件抽象作品就像留著長髮的女人，但小朋

友大概不會那麼在意，因為只要能把雕像的底座當作溜滑梯玩，什麼都好。中午常有活動在此舉行，5～10月每週二也有行之有年的農產市集。

西側的噴泉具有活潑四周環境的效果，它會配合節慶染上顏色，例如萬聖節是橘色、聖派翠克節是綠色，當芝加哥黑鷹隊比賽的時候，則會變成黑色。

1. Cor-Ten Steel使戴利中心呈現鏽色外觀／**2.** 戴利中心南側廣場常舉辦活動，平日也有放置座椅讓民眾休憩／**3.** 11月中～12/24芝加哥聖誕市集(Christkindlmarket)在戴利中心廣場盛大展開，另有其他地點(http) www.christkindlmarket.com)／**4.** 聖誕市集內，販售來自波蘭的聖誕擺飾的店家。市集擺攤期間正逢寒冬，來逛時記得先做好保暖準備

旅行小抄

似曾相識的電影場景

電影《蝙蝠俠》曾取鏡芝加哥作為「高譚市」場景(包括South LaSalle Street、IBM大樓、Atwood Cafe都有入鏡)，《變形金剛》也借過戴利中心頂樓進行空拍，而市政府與庫克郡大樓則在《鐵面無私》露臉過。《跳躍時空的情書》裡，珊卓布拉克曾在戴利廣場和母親享受情人節的午休時光。《蝙蝠俠對決超人》也曾在路普區Clark Street一帶取景。你認出來了嗎？

美國聯邦監獄
Metropolitan Correctional Center
不帶威迫感的城市苦牢

✉ 71 West Van Buren Street │ ➡ 捷運H.W. Library、LaSalle站。公車22、24、36 │ MAP P.13-C3

在建築之都蓋監獄，實用之外也要注重美感。緊鄰L捷運南段的美國聯邦監獄是棟黃白色水泥高樓，大樓為三角形，目的在提供警衛良好的視野並縮短他們巡邏的距離；水泥牆上的斜角長條細縫是牢房的窗戶，頂樓則是圍著鐵網的空中運動場，常見「住戶」(大多為被羈押、尚未判刑的人)在此放風。維斯(Harry Weese)為其建築師，建成年代是1975年。

▲淡黃色的監獄外牆帶出一股柔和感

威利斯大樓
（原希爾斯大樓）
Willis Tower (Sears Tower)

芝加哥最高的摩天大樓

✉ 233 South Wacker Drive | http www.willistower.com | ➡ 捷運Quincy站。公車(1)、7、(28)、37、126、(134)~(136)、151、156 | MAP P.13-B2

從古至今，摩天樓一直是人類展現自我能力的一種表徵。從1930年代紐約帝國大廈的一枝獨秀，1970年代相繼出現的紐約世貿雙子星大樓、芝加哥希爾斯大樓，到廿一世紀前後竄起的吉隆坡雙子星與台北101等，摩天樓對出資者而言是財力勢力的表現，對建築師來說則是創造極限的挑戰。

希爾斯大樓的首席建築師與工程師分

▼芝加哥建築群造型多變，圖中最高即為威利斯大樓。它建成於1974年，是全球少數採用深黑色外觀的超高摩天樓

別是SOM的葛拉漢(Bruce Graham)與法茲勒汗(Fazlur Khan)。大樓結構相當特別，是由兩兩高度一致的巨管組合而成，再以不同層次帶出視覺的變化性；但若以樓層設計來說，希爾斯大樓與其他早期摩天樓相仿，仍舊是一個底寬上窄的安排。

百貨商希爾斯(Sears, Roebuck & Co.)原本打算將這裡打造成公司總部，並藉由出租部分空間來賺取豐厚租金。但事與願違，公司自1970年代起開始面臨強大競爭，再加上龐大的興建費用與不盡理想的承租率，迫使其於1995年完全撤出希爾斯大樓。2009年Willis Group Holdings進駐，並取得大樓命名權，開始了威利斯大樓的新年代。2017年起將投入5億美元進行整修與環保系統設置，將為這棟110層的超高大樓注入嶄新氣象。

拍攝希爾斯大樓最好是從遠方空曠處拍，如此能減少阻擋、顯出建築物的高度，也能拍出更豐富的城市美景。

旅行小抄

Skydeck觀景臺

位於103樓的Skydeck是全球最高觀景臺之一，當站上此處，你距離這棟大樓的屋頂約只差30公尺，如果踏上突出於觀景臺西面的玻璃框罩(稱為The Ledge)，你腳下可是412公尺高毫無遮蔽的透明視野！別急著走開，一定要拍張照片，留下這個又愛又怕的瞬間！

✉ 威利斯大樓，入口處在Jackson Boulevard

☎ (312)875-9447

http www.theskydeck.com

🕐 3～9月每日09:00～22:00，10～2月10:00～20:00，最後入場時間為休館前30分鐘

💲 入場券成人$24、3～11歲$16，3歲以下免費。適用Chicago CityPASS和Go Chicago Card

ℹ 與Chicago Trolley & Double Decker Company的配套行程Trolley Tour，成人$62、3～11歲$29，建議一早先參觀Skydeck再到1樓入口處候車，進行市區遊覽

⁉ 網路購票(可直接列印)、使用Chicago CityPASS或Go Chicago Card最為省時，或開館前提早10～20分鐘來排隊也可避開長龍。上Skydeck前要先走一段路，建議穿著方便走路的鞋子。如想欣賞夕照，可查看天氣App預測的日落時間，來決定何時入場

MAP P.13-B2

聯邦車站
Union Station

鐵路迷必訪

✉ Canal Street上，介於Adams Street與Jackson Boulevard之間 | http www.chicagounionstation.com | ⏰ 每日05:00～01:00開放 | ➡ 捷運Quincy、Clinton站。公車(1)、7、(28)、60、(125)、126、151、156、157 | 🏛 市級古蹟 | MAP P.13-B2

說起芝加哥聯邦車站就會讓人聯想到許多膾炙人口的美國電影，丹艾克洛德的《雙面博士》、凱文科斯納的《鐵面無私》，以及朱莉亞羅勃茲的《新娘不是我》都曾把場景設在這座老車站裡。

芝加哥早在1860年就已是美國鐵路中心，但當時因缺乏完善的車站規畫常引發諸多不便與混亂。柏翰(Daniel Burnham)特地將車站系列入《Plan of Chicago》中，而他的後繼弟子葛拉漢(Graham)、安德森(Anderson)、普斯特(Probst)與懷特(White)參照著師父的藍圖於1913年開始興建聯邦車站，直到1925年才完成，如今是全美第三繁忙的火車站。

聯邦車站有東西兩館，其中西館以柱廊為門面，相當宏偉大方。西館後車室「Great Hall」空間挑高寬敞，環繞著列柱、古典立燈與壁飾，無論是陽光自天花板洩下的白天，或照明燈亮起的夜晚，都帶給旅行者一種安穩的感覺。走過東邊走廊可以到達售票亭與月台(包括跨州的Amtrak月台與行駛北伊利諾州6個郡的Metra月台)、餐廳以及便利商店。

1.車站大廳，除了是旅人和通勤族候車的地方，也常被民間團體租借來舉辦活動／**2.**緊鄰Canal St.的車站入口是電影《鐵面無私》的重要場景之一。Metro公司計畫往上增建新旅館，但是否合宜，也掀起了討論

芝加哥歌劇院
Lyric Opera of Chicago

感受歌劇魅力

✉ 20 North Wacker Drive ┃ 📞 (312)827-5600 ┃
🌐 www.lyricopera.org ┃ 🕐 售票亭平日週一～五
12:00～18:00(演出日至傍晚節目的首次中場休
息)，週末僅於演出日12:00～傍晚首次中場休息。
夏季僅週間12:00～17:00 ┃ 🚇 捷運Washington
站。公車J14、20 ┃ ℹ️ 預購套票可享折扣。歌劇院
於每場演出前1小時，於Ardis Krainik Theatre為購
票觀眾提供免費導說，另有後台導覽(Backstage
Tours)、9月千禧公園免費表演等活動，詳見官
網 ┃ 🗺️ P.13-B2

擁有3,563席座位的芝加哥歌劇院是全
北美第二大歌劇院，公演時間約為每年10
月到隔年3月，雖然這時正值天氣由涼秋
轉入嚴冬，卻一點也阻止不了劇迷看戲的
狂熱。據劇團官方資料顯示，自1980末期
開始，每年的售票率幾乎都達百分之百；
如果有意來此看戲，最好提早上網訂票，
以免向隅。歌劇院坐落在1929年建成的市
民歌劇大廈(Civic Opera Building)裡，建
築師為葛拉漢、
安德森、普斯特
與懷特，出資者
是商人英薩爾
(Samuel Insull)。
大廈外觀恢弘，
西側看似一個巨
大的御座(常被
戲稱為「英薩爾的寶座」)；大廳為壁畫家
格林(Jules Guerin)所設計，地板與牆壁均
由大理石構成，天花板垂有數座吊燈，極
盡奢華。

1、2.歌劇院大門入口與騎樓／3.《卡門》、《托斯卡》
、《蝴蝶夫人》、《浮士德》等歌劇作品在這個舞台上
打動過無數劇迷的心(圖片提供© Lyric Opera of Chicago)

威克大道
Wacker Drive

美麗河景區

✉ 臨芝加哥河南邊 | MAP P.13-B2

威克大道是一條上有馬路、下有貨車通行道、沿河有行人徒步區的多功能道路。早期名為South Water Street，是條繁忙的市集大街，1920年代在都市計畫之下轉變成商業辦公區，並以都市計畫委員會首任主席查爾斯威克(Charles H. Wacker)之名改稱威克大道。事實證明威克大道的轉型是成功的：美麗的建築物因它而起，漂亮的河景因此獲得更充分的利用，人們也多了一個休閒的好去處。

欣賞威克大道的最佳方式是參加遊船公司導覽的遊河之旅；再者，可以從南邊的威利斯大樓徒步向北走。途中會看到占地廣闊的歌劇院；面對芝加哥河

三叉處、以青色玻璃構出弧形立面的333 West Wacker Drive(為李察吉爾在《來跳舞吧》的公司場景)。向東轉，看似摩登版羅馬神殿的是United Building(前稱R.R. Donnelley Center)；窗戶綴著垂直不鏽鋼柱、不譁眾取寵卻又廣受喜愛的深色格狀

散步休憩好去處Riverside Walk

威克大道下方緊鄰芝加哥河畔的河濱步道(Riverside Walk)，是近年深受遊客與市民喜愛的休憩場所，走過一遭，你會發現這條帶狀公共空間充滿讓人想一來再來的魔力。

市政府自1990年代起就在整頓這個區塊，但過去除了步道外幾無其他功能，加上遊民徘徊，不太受到民眾青睞。此次成功轉型，歸功於女建築師卡羅巴尼(Carol Ross Barney)與其團隊深入人心的設計，從可坐下來欣賞河景與建築的階梯座位，到崁入壁面的餐廳、酒吧等，都彰顯出人性化加上善用地景是設計的王道。

大樓是Leo Burnett Building。

跨過State Street後，白色大理石外觀的Kemper Building落成於1962年，其41樓曾經是城裡最早開放給大眾參觀的觀景臺；在它旁邊有著圓形頂塔的古典建築是35 East Wacker Drive。圓形的Seventeenth Church of Christ, Scientist是維斯在設計美國聯邦監獄前的作品。

威克大道與密西根大道交界是芝加哥開拓史的發源地。1779年，這裡是最早的居民杜塞保(DuSable)的住家與商棧，他的頭像豎立在密西根橋(Michigan Avenue Bridge)東北角，而於2010年這座橋也改稱為杜塞保橋(DuSable Bridge)；1803年，美國政府與印地安原住民協調後，將這片土地變成軍人與其家庭駐守的第爾本要塞(Fort Dearborn)；百年後，擁有凹形立面的建築物360 North Michigan於1923年在此落成，大樓外牆上還貼有紀念第爾本要塞的牌子，如今是高級旅館LondonHouse Chicago。

1.教堂Seventeenth Church of Christ, Scientist／2.威克大道不只車道寬敞，連人行道也是。圖為在芝加哥河三叉處的弧形彎角／3.傍晚時分從芝加哥河三叉處北岸望向威克大道，最右邊的建築物就是333 West Wacker Drive，中間偏左、有三角屋頂的玻璃帷幕大樓是United Building／4.威克大道的大樓群與點點燈光讓人流連忘返

芝城古老的義式餐廳

Italian Village Restaurants

✉ 71 West Monroe Street │ ☎ (312)332-7005 │ http www.italianvillage-chicago.com │ ⏰ The Village：週一～四11:00～00:00，週五、六 11:00～01:00，週日12:00～23:00。Vivere：中餐 週一～五11:30～14:00，晚餐週一～六17:00起。 La Cantina：晚餐週二～四17:00起，週五～六 16:30起│ $ 主餐約$13起│ ➡ Monroe Street上， 介於Dearborn Street與 Clark Street之間│ ℹ 建 議事先訂位│ MAP P.13-C2

　由Capitanini家族經營的Italian Village Restaurants開幕於1927年，是芝城內最 古老的義大利餐廳之一。位於2樓的The Village就像一個小義大利村莊一樣親切 迷人，供應的食物也偏向傳統北義菜色。

1樓的Vivere菜色屬於改良創新式，並曾被 評為芝加哥十大美酒與氣氛浪漫的餐廳。 地下室的La Cantina以海鮮為主，喜歡牛 排的人也可以在這裡遇見美味，3道餐的 Theatre Menu也是不錯的選擇。

芝加哥式熱狗專賣店

Gold Coast Dogs

✉ 225 South Canal Street │ http www. goldcoastdogs.net │ ⏰ 週一～五09:00～ 19:30，週六09:30～19:30，週日10:00～19:30 │ ➡ 位於聯邦車站東側大樓(介於Canal Street與 Riverside Plaza之間)。最方便的方法是由Jackson Street與Riverside Plaza交界入口進入地下1樓 Food Court，往左前方直走到底(店鋪在最角落)│ MAP P.13-B2

熱狗麵包上的 黑點是罌粟籽！

　地點便利的芝加哥式熱狗專賣店，讓穿 梭聯邦車站的通勤族可以方便帶走或蒸 或烤的唯安納熱狗、以啤酒烹調的德式臘 腸(Beer Bratwurst)、火雞肉漢堡、費城起

司牛肉三明治(Philly Cheese Steak)、希臘 式三明治Gyros等。路普東區分店位於159 North Wabash Avenue，中途機場和歐海爾 機場(第3航廈)也吃得到！

甜甜脆脆的焦糖爆米花
Nuts on Clark

✉ 210 South Canal Street | http www.nutsonclark. com | ◷ 週一～五07:00～20:00，週末09:00～18:00 | ➡ 位於聯邦車站東側大樓(介於Canal Street與Riverside Plaza之間)。最方便的方法是由Adams Street與Riverside Plaza交界入口進入地下1樓Food Court，店鋪就在下手扶電梯後的左手邊 | MAP P.13-B2

對芝加哥人來說，Nuts on Clark甜甜脆脆的焦糖爆米花(Caramel-corn)是看球賽、看電視、旅行時不可或缺的零嘴。起司爆米花、原味爆米花、堅果、水果乾、糖果也是深受喜愛。總店在瑞格里球場(Wrigley Field)北邊的Clark Street，這也是店名的由來。

咖啡名店之一，想喝好咖啡到這裡
Intelligentsia Coffee & Tea Monadnock Coffeebar

✉ 53 West Jackson Boulevard | ☎ (312)253-0594 | http www.intelligentsiacoffee.com | ◷ 週一～五06:00～18:00，週六08:00～16:00 | ➡ 捷運Jackson站，位於Jackson Boulevard和Dearborn Street交叉口 | MAP P.13-C3

以直接到產地和農民接洽、親自挑選咖啡豆與茶葉為宗旨的Intelligentsia創立於1995年，近年來在芝加哥、洛杉磯、紐約都做出好口碑，咖啡師也頻頻在比賽中獲獎，是家頗具潛力的咖啡館，很多餐廳也會特別強調是使用他們的產品。來到這裡，除

旅行小抄

Intelligentsia Roasting Work Facility烘焙廠資訊

✉ 41850 West Fulton Street | ☎ (312)563-0023 | http www.intelligentsiacoffee.com/chicago-roasting-works-tour | 💲 成人$30，13歲以下免費。可品嘗現沖咖啡並帶回12oz現場烘焙的咖啡豆 | ➡ 綠線、粉紅線Ashland站下車，沿著Ashland Street往北走經過Walnut Street後到Fulton Street轉彎往西走，經過Wood Street後即可達。公車9 | ℹ 每月第二個週五14:00一梯次，約2小時(如有變動，以官網公告為主)，請事先上網預約 | MAP 拉頁地圖

了讓嗅覺與味覺充分接受咖啡香的洗禮外，也建議帶包豆子或茶回家慢慢品味。

品地中海料理啜飲小酒

avec

✉ 615 West Randolph Street | ☎ (312)377-2002 | http www.avecrestaurant.com | ◷ 午餐：週一～五11:30～14:00。晚餐：每日15:30起至半夜。早午餐：週日10:00～14:00 | $ 主餐約$18起 | ➡ 綠線／粉紅線Clinton站，沿著Clinton Street往南走至Randolph Street右轉，過了Jefferson Street在左手邊 | ❓ 建議於官網事先訂位，週五～六只接受預約至17:30，之後要現場候位 | MAP P.13-A2

路普區在下班時間，有許多人會跨過河往西走，他們或是進火車站返家，或是先在河西岸找地方打牙祭、喝小酒，而avec就是這附近會讓人想去的餐館之一。寬度

窄、深度長的空間，利用木材裝潢打造出舒服的木屋風，吧台前面用檯和座位區幾乎人人並肩而坐，但似乎更為用餐興致加分。上桌的地中海式料理、精選美酒，是讓人不僅口腹滿足，也喜歡上這裡的主因，而且吃了不會那麼有負擔。

自2003年開始營運，avec是芝城One Off Hospitality美食集團旗下的餐廳之一，曾榮獲James Bread Foundation傑出餐廳設計獎與米其林的「必比登推介」。主廚保羅卡漢(Paul Kahan)已是家喻戶曉的名廚，連安東尼波登也對他所打造的avec讚譽有加，認為在這裡看到了美國飲食的未來趨勢。隔壁Blackbird是保羅卡漢經營的新美式料理餐廳，擁有米其林一星，同樣也是波登曾公開表示喜歡的店。

旅行小抄

永遠懷念，安東尼波登(Anthony Bourdian)

自從國外製作的旅遊節目登台之後，伊恩萊特(Ian Wright)主持的《勇闖天涯》，與安東尼波登的《波登不設限》、《波登闖異地》是個人最喜歡的節目。回芝城時在home爸Byron家跟著看了幾集精采的《大廚異想世界》，波登的旁白搭上韓裔主廚張錫鎬的主持，就像起了大火的油鍋，完美地燃起了觀眾對於美食的渴望與好奇。2018年6月8日波登驟逝，讓人有世界少了一雙真誠雙眼的遺憾。如果你也跟我一樣，想回顧波登曾在芝城走過的痕跡，上網搜尋「Anthony Bourdain, Chicago」就能看到相關訊息。

小巧精緻的車站市場
Chicago French Market

✉ 131 North Clinton Street | ☎ (312)575-0306 | http www.frenchmarketchicago.com | ⏰ 週一～五07:00～19:30，週六08:30～17:30。部分店家有自己的營業時段，可於網站查詢 | ➡ 綠線／粉紅線Clinton站，沿著Clinton Street往南走2分鐘。公車20、56、(125) | MAP P.13-A2

位於Metra Ogilvie Transportation Center北段的French Market是個小而美的室內市場，來此設攤的業者多來自大芝加哥地區，新鮮供應鄰近農場產出的蔬果、乳酪、肉類，也有熟食攤、壽司店、橄欖油專賣店、冰淇淋店、酒販、現做飲料店等。想吃法式甜點嗎？緊鄰車站通廊的Vanille (vah-NEE) Patisserie專門製作馬卡

龍、蛋糕、可頌等，手工細緻且口味不錯，很值得一試。

通廊對側有洗手間、CVS Pharmacy、Metra售票口(週一～五營業，未開放時可使用自動購票機，或走到Citicorp車站大廳購票)，可以多加利用。

---

1. French Market是許多通勤族上下班採購食物的好去處／**2.** Lillie's Q販售南方口味BBQ／**3.** 提供港式小點與茶飲的B.I.Tea & Dim Sum／**4.** 松露巧克力專賣店

鄰近聯邦車站，適合通勤需求者

W Chicago City Center

✉ 172 West Adams Street │ ☎ (312)332-1200 │ http www.marriott.com，搜尋W Chicago-City Center │ 💲 約$180起 │ ➡ 介於Adams Street與Wells Street交界。捷運Quincy站 │ 🔊 付費 │ MAP P.13-C2

這是另一家改造自古老建築的精品商務旅館，內裝簡潔，氣氛輕鬆低調。鄰近CBOT、威利斯大樓與聯邦車站。

時尚又兼具品味

Hotel Allegro

✉ 171 West Randolph Street │ ☎ (312)236-0123 │ http www.allegrochicago.com │ 💲 約$90起 │ ➡ 介於Randolph Street與LaSalle Street交界，捷運Clark、Washington站 │ 🔊 加入飯店IHG會員可享免費WiFi │ MAP P.13-C2

為Kimpton Group的精品飯店之一，不同於Burnham的古典與Monaco的沉穩，Allegro呈現的是雅痞風。位於金融行政區，緊鄰凱迪拉克劇院。寵物可同行。

▲(圖片提供© Hotel Allegro Chicago)

穩重樸實，設施多樣

Residence Inn

✉ 11 South LaSalle Street │ ☎ (312)223-8500 │ http www.marriott.com，搜尋Chicago Loop │ 💲 約$129起 │ ➡ 介於Monroe Street與Madison Street之間的LaSalle Street上，捷運Clark、Washington、Monroe站 │ 🔊 免費 │ MAP P.13-C2

全新裝潢，房型分套房以及起居室與床一起的Studio，內附熨斗、廚房用品，也有提供自助洗衣或乾洗服務。鄰近藍線捷運Clark與Monroe站。寵物可同行。

芝加哥街頭藝術

走在芝加哥的馬路上,除了看風景、看人、看櫥窗,還有許多有趣的藝術創作。這些作品,有些是市政府為了增添公共場所(例如公園、湖邊)的藝術氣息所設置,有些是私人大樓的收藏,有些則是畫在路邊牆壁上的塗鴉藝術(Graffitis)。

塗鴉藝術創作通常會出現在主要街道兩側的小馬路牆壁上。在芝加哥,它們可不是只用噴漆罐噴出來的圖樣或文字,很多是藝術家帶著梯子(或許也需要雲梯?)、拿著畫筆一筆一筆勾勒出來的。畫風各異,有趣味,有溫馨,也有前衛,為街頭帶來許多亮點。

1.路普南區老舊的South Loop Club酒吧餐飲店,紅磚牆上有面成人、老人與年輕人準備「尬車」的壁畫(位於State Street與Balbo Drive)／2.威利斯大樓南邊有一片大型塗鴉,似乎在表達中、下階層民眾在這座大城裡居大不易的煩惱(South Wells Street與West Harrison Street交界)／3.藝術家Megan Pryce正在Wicker Park的牆壁上創作。對面就是以吃Taco和飲酒聞名的Big Star酒吧(鄰近CTA藍線Damen站出口)／4.嘻哈風的城市塗鴉創作(位於North Milwaukee Avenue與West Evergreen Avenue)／5.Armitage購物街區裡,有一片個人很喜歡的Q版城市塗鴉創作(位於Armitage Avenue與Dayton Street西南交叉口)

近北區與林肯公園
Near North Side & Lincoln Park

近北區是芝城最熱門的購物娛樂區，林肯公園與舊城(Old Town)則是高級住宅區。
近北區的興起，和1920年建成的密西根大道橋(Michigan Avenue Bridge，
現稱杜塞保橋DuSable Bridge)與密西根大道的拓寬重建息息相關。
橋把人從南邊帶向北；大道的宏偉氣勢與便利的雙層功用(上為人車通行、下為貨物輸送)
則吸引公司來此設立總部，高級名店與豪華飯店也應運而生。
幾年內，北密西根大道從泥灣地變身繁華大街，驚豔的芝加哥人以Magnificent形容它，
而「曼麗芬大道」(Magnificent Mile)也成了它的代名詞。

瑞格里大樓
Wrigley Building

箭牌公司總部

✉ 400-410 North Michigan Avenue ｜ 🚌公車3、(143)、(144)、145～147、(148)、151、157 ｜ MAP P.12-B1、P.14-B3

這棟位於密西根大道橋西北角、頂著大鐘樓、有著白色陶瓦磚的建築，就是口香糖龍頭——箭牌公司總部。創辦人William Wrigley, Jr.從銷售香皂起家，1891年由費城來到芝加哥販賣製造商Zeno生產的口香糖，並於1910年把兩家公司合併，以自己的名字成立箭牌公司。

瑞格里的事業蒸蒸日上，1919年全球年營業額達到2,700萬美元。之後請來建築師葛拉漢、安德森、普斯特與懷特興建總部。1921年南棟落成，不但是密西根大道橋4個角落中最早出現的建築物，也成功地為公司形象加分。瑞格里也在同年買下小熊隊經營權，並於1926年把小熊球場(Cubs Park)改名為瑞格里球場(Wrigley Field)。瑞格里家族擁有小熊隊長達60年，直到1981年才把球隊賣給論壇報集團(目前小熊隊是由Ricketts家族所有。)

2008年，箭牌公司被瑪氏食品公司(Mars Inc.)以230億美元的價格收購。瑪氏旗下擁有m&m's、士力架等巧克力品牌，也有法國皇家、偉嘉等寵物食品。

瑞格里大樓

1.瑞格里大樓外觀優雅，不同角度有不同的美，圖為黃昏時從西側拍攝／2.曼麗芬大道旁的大樓入口

論壇報大樓
Tribune Tower

落成於1925年的哥德式建築

✉ 435 North Michigan Avenue｜➡公車3、(143)、(144)、145～147、(148)、151、157｜🏛市級古蹟｜🗺 P.12-B1、P.14-B3

芝加哥《論壇報》創辦於1847年，一直是當地人最仰賴的報紙之一。集團旗下還包括WGN(意即World's Greatest Newsletter)電台與電視台等媒體。

論壇報大樓的誕生來自於1922年一場轟動一時的跨國性競圖賽。來自紐約的霍德(Raymond Hood，日後設計了紐約洛克斐勒中心)與霍爾斯(John Howells)的設計在263件參賽作品中脫穎而出，儘管他們採用的哥德式建築背離了當時的主流，但當3年後大樓完工，大家卻不得不承認它的確是一棟如藝術品般耐看的極致建築。

大樓外牆上鑲有約150顆來自紫禁城、泰姬瑪哈陵等世界各地的石頭。1樓大廳又稱「碑文廳」，壁上刻滿了前人對媒體應有的理想與義務的告誡，相當值得一看。論壇報於2018年6月揮別這棟將屆百歲的大樓，辦公室遷移至硬體設備更新的保德信廣場大樓。

1.碑文廳中，有面牆刻著伊利諾最高法院首席大法官'Floyd E. Thompson'對於言論自由與人類自由的論述／2.入口處擁有細緻的石刻／3.碑文廳氣氛莊嚴／4.論壇報大樓是代表芝加哥的經典建築之一

商品市場
Merchandise Mart
規模龐大的商場與展示中心

✉ 222 Merchandise Mart Plaza | http www.merchandisemart.com | ◷ 週一～五09:00～17:00(商店街至18:00)，週六10:00～15:00 | ➡ 捷運棕／紫線Merchandise Mart站。公車11、(125) | 🔊 免費 | MAP P.13-B1、P.14-A3

百貨商馬歇菲爾德公司帶給芝加哥的另一個傳奇是建造了商品市場，一棟大到足以容納兩座足球場、樓層面積曾經排名全世界前三名(當時僅次於五角大廈與希爾斯大樓)的大樓。

與其他聳立的芝加哥建築相比，啟用於1930年的商品市場並不高(兩翼樓高18層，中間大廈高25層)，因此建築師葛拉漢、安德森、普斯特與懷特在外觀設計上特別強調垂直線，為大樓營造出視覺上修長的效果。兩翼與中間大廈上的金字塔是為了紀念1920年代出土的埃及塔特王(King Tut)墳墓。矗立在河邊的名人堂表彰了8名傑出的芝加哥商人；環繞著1樓大廳牆頂是格林(Jules Guerin)的壁畫，描繪出當時世界大國的商業貿易情形。

從1樓正門進入，左側有個大階梯the Grand Stair，走上去是可欣賞河邊美景的美食區Marshall's Landing，2樓另有天橋銜接西側350 West Mart Center。2樓以上是其他廚房衛浴、家具寢飾等公司的展示場與辦公室。

1.商品市場是一棟讓人感覺穩固如山的建築物／2.一寬一長交疊的MM是商品市場的Logo／3.金光閃閃、像門一樣的超大郵筒／4.裝潢材料展示場

船塢城
Marina City
吸引鏡頭聚焦的玉米大樓

工，由空中鳥瞰有如兩朵向日葵，樓高60層，榮登當時全球最高的水泥建築，也是高博格從私人住宅設計朝向大規格建案的事業分水嶺。

✉ 300 North State Street｜➡ 捷運State／Lake站下車，沿State Street往北走過芝加哥河。公車29、36、62｜MAP P.12-A1、P.13-C1、P.14-B3

大概沒有人會反對用「玉米大樓」來稱呼兩棟船塢城，因為它們的外形的確會令人聯想到被啃得一乾二淨的玉米穗軸；但是，如果說建築師高博格(Bertrand Goldberg)是密斯凡德羅在德國包浩斯(Bauhaus)學院的門徒，恐怕會讓很多人跌破眼鏡。

事實上高博格選擇追隨的並非密斯的國際學派(International Style)，而是包浩斯學派主張的為人類建構一個促進情感交流、解決社會問題的現代烏托邦建築。也因此，密斯慣用的鋼鐵建材在他看來是過度工業化、方格狀的空間、不夠人性化。1955年高博格接下船塢城的案子，為了讓使用者享有便利的環境，連帶設計商店、戲院、停車場、船塢等設施，塑造出一個功能齊全的小型城市。船塢城於1967年完

▲船塢城下半段為停車場，上半段為公寓，緊鄰芝加哥河邊還有船塢，以及可以欣賞河景的高級餐廳

·深 度 特 寫·

船塢城順遊景點

1.高博格建築作品

高博格在家鄉芝加哥另有其他知名的建築。例如西北大學醫學院的 Prentice Women's Hospital(☒333 East Superior Street，1975年完工，底部為5層樓立方基座，上面是如苜蓿造型的懸高弧形建築。公車3、66、157可達)；在芝加哥河南段旁的複合住宅River City(☒800 South Wells Street，1986年完工，介於Wells Street與Polk Street間，可由藍線 LaSalle站下車或搭乘公車36、145)。

坐落近南區的Raymond Hilliard Homes(位於State Street與Cermak Street間，1966年完工，各有兩棟圓

塔與眉形樓，紅線Cermak－Chinatown月台朝東方可見)，則為低收入戶帶來貼心且不落俗套的居住空間。

2.密斯的IBM大樓

與船塢城隔街相望的333 North Wabash(前稱IBM大樓)，即是密斯的作品。IBM大樓不但是大師在美國境內的最後代表作，也是他的美國作品當中最高的一棟。

3.保齡球館

船塢城北側的10pin Bowling Lounge，是擁有24個球道的保齡球館。鄰近河東中心也有一家Lucky Strike保齡球館。兩家都是從上午開始營業，21:00以後未滿21歲不得入內，並有勿穿運動汗衫等要求，詳情請上網查詢服裝規定(Dress Code)。

10pin
☒ 330 North State Street
http www.10pinchicago.com
MAP P.14-B3

Lucky Strike
☒ 322 East Illinois Street
http www.bowlluckystrike.com
MAP P.14-C3

1.Prentice Women's Hospital／2.River City／3.Raymond Hilliard Homes／4.IBM大樓(左)與船塢城將設計者的風格展露無遺／5.別錯過IBM大樓前廣場上的朱銘作品《紳士》／6.10pin保齡球館

芝加哥河橋梁開啟 (Chicago River Bridge Lift)

在芝加哥，休閒船舶會於冬天來臨前回到市內停靠，隔年春天再駛入密西根湖。市府每年春季與秋季會安排週三與週六(偶爾也有週日)逐一升起27座橋讓船隻通行，又稱Boat Runs。

Boat Runs在春天(4月上旬～6月底)是從南邊的愛許蘭大街橋(Ashland Avenue Bridge)開始往北轉東。秋天(9月下旬～11月中旬)是反方向自湖濱大道橋(N. Lake Shore Drive Bridge)開始往西轉南。第一座橋梁開啟的時間在春天是週三09:30、週六08:00，秋天是週三09:30、週六09:00，想要欣賞的話請先抓好時間。

芝加哥河沿岸自然是欣賞開橋的好地點，站在兩橋中間，例如距離頗近的密西根大道橋與瓦柏許大街橋(Wabash Avenue Bridge)，可方便連續觀看。橋開啟前，會先響起如火車經過平交道的警示鈴聲，這時人車都要趕快退離橋梁，而等待通過的船隻會來到橋前等著。一座橋開關的總時間平均是10分鐘，鈴聲會到橋完

全放下後才停止，之後約等5分鐘橋上即可恢復人車通行，橋下則只有無桅杆或較低的船隻能自由來去。

路普區有18座跳開式橋梁(Bascule Bridge)與芝加哥河北岸、南支西岸連結。這些橋直接以街道命名，有些則另有別名。例如最東邊的湖濱大道橋，建成於1937年，正值小羅斯福總統(Franklin Delano Roosevelt)任內，故以FDR Memorial Bridge稱之。其西側的哥倫布大道橋(Columbus Drive Bridge)，完工於1982～1983年，取名威廉法赫橋(William P. Fahey Bridge)是為了紀念1982年2月遭遇槍擊殉職的優秀巡警。第三座是密西根大道橋，於2010年更名杜塞保橋以獻給這位芝加哥奠基者；這橋其實是由雙併的兩座橋構成，它有4個美麗的橋梁看守屋，西南角的麥科明橋屋(McCormick Bridgehouse)，內部為芝加哥河博物館(Chicago River Museum)，展示河的歷史與橋梁升降裝置，也安排在某些橋梁開啟日讓民眾參觀內部作業。

第四座瓦柏許大街橋又稱爾夫卡西涅特橋(Irv Kupcinet Bridge)；卡西涅特是芝加哥太陽時報的資深專欄作家，而該報社舊址就位於目前川普大樓的位置。

1.正在關閉的密西根大道橋／**2.**自川普大樓走廊觀看瓦柏許大街橋開啟的特殊景色

旅行小抄

麥科明橋屋與芝加哥河博物館
(McCormick Bridgehouse & Chicago River Museum)

✉ 99 Chicago Riverwalk

☎ 20人以上團體預約(312)977-0227，預約觀賞橋梁開啟(312)939-0490

http www.bridgehousemuseum.org

🕐 5～10月週四～一10:00～17:00

💲 成人$6、62歲以上與6～12歲$5、5歲以下免費、週日免費。參觀橋梁開啟$10，另有其他活動，詳見官網Plan A Visit和Events

MAP P.12-B1、P.14-B3

漢卡克中心
John Hancock Center
穿燕尾服的100層樓吸睛建築

875 North Michigan Avenue｜www.
johnhancockcenterchicago.com｜紅線
Chicago站。公車3、(10)、66、(125)、(143)、
(144)、145~147、(148)、151。位於East
Delaware Place與East Chestnut Street間的
North Michigan Avenue上｜MAP P.14-B2

漢卡克中心是全芝加哥地平線上最容易辨認的大樓之一。黝黑的鋼骨外觀、漸窄的梯形造型、一連串的X形對角支撐骨架、與頂樓的兩根大天線，不但給人非常堅固耐用的印象，也為它博來「Big John」的暱稱。

漢卡克中心為SOM建築事務所的作品。1970年完成時是芝加哥最高、也是全世界第二高樓(僅次於紐約帝國大廈)。100層樓裡由下至上包含了商業區、停車場、辦公室、49層的私人公寓(內含住戶專用商店與游泳池)、電視轉播站、觀景台、以及頂樓餐廳。美國建築師協會AIA於1999年頒發「25-Year Award」給漢卡克中心，給予它能經得起時間考驗的肯定。

現在漢卡克中心1樓的灰底花崗岩，其實早期是白色的。之所以會改變顏色是因為白色底與其上的黑色鋼骨對比太強烈，結果給整棟樓招來了「穿燕尾服配白襪」的訕笑所致。

每年2月最後一個週日會舉辦登高賽，有興趣的人不妨留意報名訊息(www.lungchicago.org)。此外，由於John Hancock保險公司已於2013年失去大樓命名權，2018年2月12日起這棟樓暫時改以住址稱呼，但對芝加哥人而言，John Hancock跟Sears Tower一樣，永遠是他們對這兩棟地標最熟悉的名字。

▲X形對角支撐骨架是漢卡克中心的外觀特色之一

旅行小抄

360觀景臺

漢卡克中心頂樓的360觀景臺,可以近距離俯瞰密西根湖、橡樹園沙灘、林肯公園、海軍碼頭煙火秀等美景,另有隨著玻璃傾斜的TILT體驗。建議參觀時間為11:00前、18:00以後,可查看天氣App日落時間,來決定何時入場。

觀景臺附設酒吧,年滿21歲才能購買Drinking Package(須出示有效證件)。

✉ 自Michigan Avenue步下階梯由廣場入口進入,觀景臺購票與入口處在左側

http www.360chicago.com

🕐 週一~四09:00~23:00,週五~日08:00~23:00,最後購票時間為22:30

💲 一般入場券:5月底~9月初旺季入場券12歲以上$23,3~11歲$14,3歲以下免費。淡季票價少$2。芝城居民享半價。適用CityPass與Go Chicago Card等套票。詳細票種與價格,請見官網Deals & Packages

橡樹街沙灘 MAP P.14-B2

Lake Shore Drive大轉彎的另一頭就是橡樹街沙灘Oak Street Beach,由於鄰近芝加哥精華地段,這裡自1930年代就是賞景戲水的熱門場所。沿著湖邊往北走到下個沙灘——North Avenue Beach,會看到西洋棋涼亭(Chess Pavilion),棋盤就刻在石灰石上,常有三兩人在此較勁。夏天開放下水時,能從涼亭往北游一小段至Division Street沙灘。

於千禧公園或海軍碼頭租自行車(Bike and Roll Chicago,http www.bikechicago.com)沿著Lakefront Trail北上,也是暢遊湖邊的好方法。

▲早起到橡樹街沙灘慢跑運動的芝加哥居民

芝加哥古水塔區
Old Chicago Water Tower District

Since 1869的珍貴古蹟

✉ 806 North Michigan Avenue，位於North Michigan Avenue與East Chicago Street交界｜➡ 紅線Chicago站下車後往Michigan Avenue走。公車3、(10)、(26)、66、(125)、(143)、(144)、145～147、(148)、151｜🏛市級古蹟｜MAP P.14-B2

▲從Chicago Street往西北望向古水塔

被讚美為「如城堡般的哥德式建築」的古水塔與抽水站，是由建築師波因頓(William W. Boyington)設計，是唯一逃過芝加哥大火肆虐的公共建築。1869年完成時，它們是引進乾淨湖水作為自來水源的重要建設。如今，除了讓當地人與遊客緬懷過去的歷史外，功成身退的古水塔成了芝加哥市立藝廊，而保有原功能的抽水站則成為鏡子劇院公司(Lookingglass Theatre Company)的表演場，劇團成立於1988年，曾獲得東尼獎「傑出區域戲院」的肯定。抽水站旁的第98號消防局與塞尼加公園(Seneca Park)也是古水塔區的一部分。

旅行小抄

參觀入口在哪裡？

如欲參觀抽水站，可從鏡子劇院正門(North Michigan Avenue與East Pearson Street交叉口)進入。

ℹ市立藝廊：每日10:00～19:00，週末10:00～17:00，假日休息。入口位於古水塔西側門

🌐www.cityofchicago.org，於搜尋欄位輸入「City Gallery in the Historic Water Tower」

1.抽水站與鏡子劇院公司／2.小而美的芝加哥市立藝廊／3.飲水機與鏡子劇院入口／4.古意盎然的98號消防局

第四長老教會
Fourth Presbyterian Church

北密西根大道上最古老的教堂

✉ 126 East Chestnut Street ｜ ☎ (312)787-4570 ｜ http www.fourthchurch.org，藝文資訊請進入 Music and the Arts查詢 ｜ ➡ 紅線Chicago站，位於漢卡克中心對面。教堂入口位於North Michigan Avenue與East Delaware Place交界 ｜ MAP P.14-B2

　　遊客都知道到芝加哥一定要造訪漢卡克中心，但是到了漢卡克一定也會被它對面的古老教堂所吸引。第四長老教會創立於1871年2月，歷經芝加哥大火與兩次遷移，最後於1914年落腳在現址。教堂建築師為魁恩(Ralph Adams Cram)，他的另一代表作是紐約The Cathedral Church of Saint John the Divine。緊鄰教會的都鐸式建築與中庭則是由芝加哥建築師蕭(Howard Van Doren Shaw)所設計。

　　第四長老教會是芝加哥河以北的密西根大道上，僅次於Old Water Tower的最古老建築，附近的高樓大廈可說都是環繞著它而起。9～6月每週五12:10有午間免費演奏會，7、8月則移至中庭；週日禮拜時段為08:00、09:30、11:00，爵士禮拜是16:00，一般時間亦歡迎民眾自由入內參觀。

1.教會中庭一隅／2.禮拜堂氣氛莊嚴肅穆

椎豪斯博物館
Driehause Museum

看見鍍金時代

✉ 40 East Erie Street ｜ ☎ (312)482-8933 ｜ http driehausmuseum.org ｜ ⏰ 週二～日10:00～17:00 ｜ 休 週一、元旦、國慶日、感恩節、聖誕節 ｜ 💲 成人$20，長者$15，學長與教師$10(須出示證件)，12歲以下免費 ｜ ➡ 介於紅線Grand和Chicago站之間，出站沿State Street走至Erie Street往東轉，位於Wabash Street街角 ｜ 🏛 市級古蹟 ｜ MAP P.14-B2

　　想親眼看看馬克吐溫所稱「鍍金時代」(Glided Age)富裕美國人的豪宅嗎？由銀行家尼可森(Samuel M. Nickerson)在芝加哥大火後建造的宅邸，能給你難忘的驚豔。這棟百年老屋在2003年由芝加哥商人椎豪斯(Richard H. Driehause)購入，經過內外的精心修復後，轉型成博物館，不只讓世人一窺原空間精雕細琢的裝潢，也能欣賞到新主人的雅致收藏和提芬尼(Louis Comfort Tifffany)的彩繪玻璃藝術。尼可森夫婦是芝加哥藝術學院美術館的創立成員之一，對在地藝文發展與人才培育很有貢獻。

▶ 椎豪斯博物館的展示頗受好評

▲當代藝術展覽館常在館外展出大型藝術品，也曾在夜間利用建築物的外牆投射播放動畫作品

當代藝術展覽館
Museum of Contemporary Art

處處暗藏生動設計

✉220 East Chicago Avenue │ ☎(312)280-2660 │ http www.mcachicago.org │ ◐每日10:00起，週二～五至19:00，其餘至17:00 │ 休每週一、元旦、感恩節、聖誕節 │ $門票自由樂捐，建議一般民眾$15、長者(美國公民)與學生$8、18歲以下免費。伊利諾州居民於每週二免費。10人以上團體可享優惠，最晚於兩週前致電(312)397-4010預約與付款。部分特展或活動需另外購票，可上官網查詢 │ ➡捷運紅線Chicago站。公車3、(10)、66、(125)、157 │ ℹ提供45分鐘免費導覽，時段為週二～五13:00，週末13:00、14:00兩梯次，集合地點在2樓大廳 │ ⁇館內禁止攝影、飲食、抽菸與使用手機，也嚴禁參觀者攜帶公事包、背包、雨傘。2樓北側有免費寄物服務 │ MAP P.14-B2

館內餐廳Mariso

◐中餐：週二～五11:30～14:00，晚餐：週二～六17:30～22:00。週日10:00～14:30，另有Bar

　來到現代感十足的MCA，你該做好準備迎接新藝術創作的衝擊。展出作品從攝影、繪畫、影像、工藝等包羅萬象，所以千萬別被看似空蕩的大廳所瞞騙，其實館內有近20個展覽廳，加上館外的雕塑花園，大概需要花上3、4個小時才能逛完。德國建築師克雷休斯(Josef Paul Kleihues)運用大片玻璃窗將MCA東西兩側的好風景一併融入他的作品中：往東可以看到寬闊的湖濱公園與密西根湖，往西則是古水塔區與密西根大道。登上館內北側樓梯，往下可以看到一個魚形水池，生動的設計讓樓梯也成為一個吸引參觀者駐足的地方。南側MCA Store有MCA創意商品與藝術家商品，其2樓與1樓的樓梯空隙也是個漂亮的魚形，不過要由下往上才會看到暗藏的玄機。

湖濱大道 860-880號公寓
860-880 Lake Shore Drive Apartments
密斯於二戰後的高層建築大作

✉ 860-880 Lake Shore Drive | ➡ 紅線Chicago站，公車157。沿漢卡克大樓北邊East Delaware Place向東走約6分鐘到湖濱大道，公寓就在交界南邊 | 🏛 市級古蹟 | 🗺 P.14-C2

旅行小抄

用心維護，更能歷久不衰

建築要能歷久不衰，除了本身構造要堅固之外，適當的維護也不能少。建築事務所Krueck and Sexton花費兩年多的時間，於2009年底完成這兩棟公寓的整修，使外部鋼骨、大廳玻璃與鋪設於戶外的石灰華地板得以恢復其美觀。參觀的時候，不妨多走幾步路到密西根湖畔，更能一覽大樓全貌。

毫無綴飾的黑色鋼骨搭上玻璃，看似容易卻又令後人望塵莫及的美學設計，這就是二次世界大戰後，密斯為世界高層建築開啟全新面貌的大作。兩棟構造一致的矩形大樓以相互垂直之姿，立築於梯形土地的西南兩側上，中間是一塊中規中矩的方形，搭配東側的大樹，為住戶營造內縮且相對不受馬路干擾的戶外空間。

密斯在立面、樓層、窗戶、鋼柱的間距下足功夫，恰到好處的比例拿捏常為評論者所讚譽。落成於1951年，可以和同時期他在伊利諾理工學院的作品，以及芳茲沃思之家互相比較，能更體會大師的可敬之處。

1.落成於1951年的860-880號公寓是玻璃鋼骨高層建築的表率／2.大樓底層透視感極佳，一眼望去似乎有風在穿梭的感覺(圖片提供© 郭俊宏)

查雷-普斯基之家博物館
Charnley-Persky House Museum
摩登求新的草原學派建築

1

✉ 1365 North Astor Street | ☎ (312)573-1365 | http www.charnleyhouse.org | ⏰ 導覽時間：4〜10月週三12:00，歷時約45分鐘；週六10:00與12:00兩梯次，歷時約60分鐘。參觀前請至網站查詢最新導覽時間。接受現場報名，請提早抵達以免向隅。10人以上團體可致電預約 | 💲 週三免費。週六成人$10(成人可於網路購票，有手續費)、65歲以上與學生$8、5〜13歲$5。團體預約成人$10，長者與學生$8 | ➡ 紅線Clark站下車，自東北口出站後向北走，於Schiller Street右轉到Astor Street。公車22、36、151 | 🏛 市級、州級與國家級古蹟 | MAP P.14-B1

這棟外型簡樸方正的3層樓房是蘇利文(Louis Sullivan)在1892年為木材商好友查雷(James Charnley)打造的私人住宅。或許你會認為它有些草原學派的影子，沒錯，因為萊特(Frank Lloyd Wright)也參與了它的設計。

建築師利用最簡單的線條，與未多加雕飾的石灰石和羅馬磚，讓房屋自然流露出大方的摩登氣息；為重要起居空間的1、2樓比地下室與3樓擁有更大的窗戶，蘇利文的經典主張「型隨機能(Form follows function)」不言而喻。

室內結構對稱，左右兩側各有一個大房間，中間走廊有陽光由3樓屋頂洩下，解決了長型屋中段常有的採光不足問題。去過會堂大廈的人一定對1樓大量出現的拱型設計(包括門楣與壁爐等)感到熟悉；而拱型也是蘇利文喜愛的幾何線條之一。通往3樓的樓梯邊牆由一排木造欄杆代替整面牆壁，不但具有裝飾效果，也加強了透視感。來這裡參觀，應該會聽到大家爭相討論到底誰是設計這棟房子的最大功臣。不論該歸功於誰，不容置疑的，這是少數現存由蘇利文設計的住宅，也是萊特將草原學派發揮得淋漓盡致之前的重要作品。

1.厚實的木造大門／**2.**查雷-普斯基之家是蘇利文與萊特兩位大師的共同設計／**3.**壁爐與通往2樓的拱形門楣

❸

旅行小抄

豪宅集散地——黃金海岸區

　　普斯基之家的所在地黃金海岸區(Gold Coast Area)，百年來一直是芝城市中心屬一屬二的高級住宅區，其中Astor Street更是精華地段。

Astor Court
普斯基之家隔壁的雅致樓房，是蕭(Howard Van Doren Shaw)為古德曼(William C. Goodman)設計的房子

Edward P. Russel House
北邊1444號，外型與眾不同，是由侯拉柏與路特所設計

1550號豪華公寓
在North State Parkway上的1555號是羅馬天主教會駐芝城樞機主教的住所，它西邊的1550號則是當地一棟相當知名的豪華公寓

國際外科科學博物館

International Museum of Surgical Science

1

✉ 1524 North Lake Shore Drive │ ☎ (312)642-6502 │ http www.imss.org │ ⏰ 週一～五09:30～17:00，週末10:00～17:00 │ 休 元旦、復活節、陣亡將士紀念日、國慶日、勞動節、感恩節、聖誕夜、聖誕節、除夕夜 │ 💲 成人\$17、65歲以上 \$13、學生與軍人\$13、4～13歲\$9。3歲以下免費、週二州民免費 │ ➡ 公車151在North Avenue下車往南走約3分鐘 │ 🏛 市級與州級古蹟 │ MAP P.14-B1

開放於1954年9月，國際外科科學博物館是創辦人索瑞克醫師(Dr. Max Thorek)送給世人一個探索與回顧外科醫學演進史的禮物。可別小看這棟秀氣建築，此由蕭(Howard Van Doren Shaw)仿造法國「小翠安濃宮」建造而成，麻雀雖小五臟俱全。22個展覽廳依不同主題，如放射醫學、麻醉學、眼科、泌尿科、心臟外科與整形外科等，逐一陳列與該科有關的文獻與早期醫療器材。在外科醫學史上占有重要地位的國家，包括法國、荷蘭、日本、墨西哥和西班牙等，也有專屬的展覽廳(時有異動，如2018年設了台灣展廳，展示台灣在器官移

植與急救醫療等方面的成果)，讓參觀者能認識這些國家的醫生對抗疾病的發明與貢獻。館內也有華陀像、穴位圖等與中華醫學有關的圖畫。

來到這裡，不能錯過的還有1樓西側，仿十九世紀北紐約州與愛荷華州傳統藥局的展覽廳，以及擺設在走廊櫥窗中的迷你牙醫診療室。2樓眼科展覽室裡有許多古典舊型眼鏡與眼鏡盒。早期的X光放射機、鐵肺、與林布蘭特的著名畫作《托普醫師的解剖課》也是必看重點。另有現代外科醫學特展可以參觀。如需館內展區地圖，可至官網「Plan Your Visit」下載或利用App取得。

4

1.國際外科科學博物館的館藏豐富且極具特色／2.林布蘭特《托普醫師的解剖課》／3.早期的眼科設備／4.早期的成藥包裝

2

3

芝加哥歷史博物館
Chicago History Museum
見證芝城大紀事的文物收藏

✉ 1601 North Clark Street｜☎ (312)642-4600｜
http www.chicagohistory.org｜🕙 週一～六09:30～
16:30(大部分週二延長至21:00)，週日12:00～
17:00｜休 元旦、感恩節、聖誕節｜$ 成人$19、65
歲以上與13～22歲$17、12歲以下免費，入場券含
語音導覽機。伊利諾州民：13～18歲免費，其他可於
週二12:30後、週三及國慶日免費入場，請見網站｜
➡ 位於Clark Street與North Avenue交叉口。公車
22、36、72、73、151、156，或紅線Clark、棕線
Sedgwick下車轉乘巴士｜MAP P.14-A1

館內餐廳North & Clark Café
🕙 週一～六09:30～15:00(週二延長至18:45)，週
日12:00～16:00｜❓ 全天供應早餐、輕食，並有兒
童餐｜🔊 免費

　　成立於1856年，芝加哥歷史協會可說是
一路伴隨城市成長，為在地人物、建築、影
像、音樂與文物盡起保存任務的機構。2樓

「Chicago: Crossroads of America」，是
深入了解芝城輝煌歷史與重要事紀的必
看展區，從最早的芝加哥路普區L Car，到
2016年小熊隊贏得職棒總冠軍的相關文
物都有。其他如林肯紀念展區、芝加哥作
家展區，或是與人權、勞權和種族議題有
關的特展也都很有可看性，建議多留時間
參觀。

　　館內Museum Shop不需門票就可進入，
這裡所販售的城市紀念品、明信片與書籍
等也都品質不錯。

1.歷史博物館西側，這裡的外觀可與東側大不相
同／**2.**入口大廳／**3.**早期的海報與明信片／**4.**路普
區L Car，牆上有幅1893年世界博覽會的摩天輪海
報／**5.**小熊隊二壘手Ben Zobrist的球衣與球帽，
他是2016年世界大賽MVP，也是隊史上首位

林肯公園動物園
Lincoln Park Zoo

365天不打烊的免費樂園

✉ 2001 North Clark Street | ☎ (312)742-2000 |
🌐 www.lpzoo.com | 🕐 一般時段：園區07:00～
18:00，展覽館與農場10:00～17:00。陣亡將士紀
念日與勞動節之間的週末與假日：園區07:00～
19:00，展覽館與農場10:00～18:30。11/1～3/31
園區07:00～17:00，展覽館與農場10:00～16:30 |
💲 免費 | ➡ 公車22、36、151、156 | 🗺 P.15-C3

　林肯公園動物園的3項優點是它離市中
心很近，365天全年無休，而且不用門票。
來自紐約中央公園的天鵝是最早(1868年)
住進這裡的動物。園區內有15個主題區，
其中「Pritzker Family Children's Zoo」裡
有梟、紅狐、水獺等動物，小朋友可以在這
裡學習北美森林裡的花草與動物群。

　位於動物園西南角的「Farm-in-the-
Zoo」會舉辦擠牛奶、認識家禽畜的活動，

另外還有蜂蜜製作、龍捲風來襲等美國農
村大體驗，是個相當有趣的城市農場。沿
著湖區的「Nature Boardwalk」則是一條
適合賞鳥、觀看昆蟲和魚類的自然步道，
也是欣賞市區建築的好地方。園區近年也
搭上運動風潮，推出成人健身活動，而位
於草原學派建築古蹟
裡的Café Brauer於
夏季週間傍晚有
免費戶外音樂，
是與三五好友放
鬆心情的好地方。

千萬不要闖紅燈

玩家交流

記得當初要在芝加哥考駕照時,前輩們囑咐了兩大重點。第一、路邊只要有STOP標誌,一定要停車看路口有無人車再開。第二、開車時聽到後方傳來警笛聲,一定要趕緊靠邊停,禮讓鳴笛車輛優先通過。當然這是法律的明文規定,不遵守就會受罰,但撇開法律不談,這只是謹慎與體恤的表現而已。

令我印象非常深刻的是,曾經在台北仁愛路上目睹十萬火急的救護車要自行殺出重圍才能開往醫院;幾乎天天遇到的是,當轉彎車與穿越斑馬線的行人相遇,往往是行人禮讓車輛,或者是車輛用緩慢前進的逼迫方式催促行人快速通過。道路交通安全規則與管理處罰條例裡的規範,往往都被心急的駕駛人給忽略了。

有一次開車在林肯公園附近的North Clark Street上,眼看號誌快由黃轉紅,本當停下來,但我竟然是貪心地搶拍穿越。這路口過是過了,但前面的斑馬線正有行人準備起步,我只好煞住車,但心虛著。此時,後面車廂突然傳來一聲拍打,嚇一跳的我轉頭看到一名帥哥用嚴厲的表情和手勢對我說:「妳不該闖紅燈!」那時除了感到非常慚愧,也很慶幸有人善用了他的公德心提醒我守法與安全的重要。

1.林肯公園動物園的西側入口/2.一隻紅翅黑鸝自在地在欄杆上曬太陽,牠是北美洲常見鳥類之一/3. Café Brauer/4.從Café Brauer沿著湖往南走,就會來到珍妮甘建築事務所為Natural Boardwalk設計的涼亭/5.不用受到籠子拘束的動物,應該都很快樂/6.動物園內的彩繪攤位

旅行小抄

芝加哥著名的6大公園

芝加哥於1869年開始進行6大公園的規畫,著名的有西郊中央公園(Central Park,現為佳菲爾德公園Garfield Park)、南方公園(South Parks,包括傑克森公園Jackson Park與華盛頓公園Washington Park),以及北邊的林肯公園。林肯公園腹地涵蓋海軍碼頭以北湖濱大道的沿途綠地,而最精華的區域就是界於North Avenue和Diversey Parkway間的綠園帶。

◀佳菲爾德公園位於捷運綠線Conservatory站月台南邊

林肯公園溫室植物園
Lincoln Park Conservatory

來逛百年歷史的法式花園

▶位於花園南端的德國詩人席勒雕像

📧 2391 North Stockton Drive | 📞 (312)742-7736 | 🌐 www.chicagoparkdistrict.com，點選 Conservatories | 🕘 每日09:00～17:00 | 💲 免費 | 🚌 公車22、36、151、156 | MAP P.15-C2

站在動物園西側入口與Stockton Drive間，會看到已有百年歷史的法式花園Formal Garden、艾莉貝茲噴泉(Eli Bates Fountain)以及一棟維多利亞式的溫室植物園。設計溫室植物園的建築師是賽斯必(Joseph Lyman Silsbee)和貝爾(E.M. Bell)。其內部不大，種有蘭花、羊齒類植物，適合想安靜地親近綠意的時候來。

園內外有許多美麗的雕塑品，最古老的是1886年設立於花園南端的德國詩人席勒(Friedrich Schiller)雕像，而在噴泉中名為《嬉遊之鸛》(Storks at Play，1887年)是美國著名雕塑家奧古斯都聖高頓(Augustus Saint-Gaudens)的作品。噴泉旁的大草原常見小朋友歡樂地遊戲著。

▲陽光下閃亮亮的溫室植物園，外面的大草坪也相當受歡迎

知識充電站

打造林肯雕像的聖高頓

美國名雕塑家聖高頓，曾投入許多心血在林肯總統雕像的製作中。一尊稱為《The Man》(站姿)，呈現出林肯在發表演說前低頭思考的模樣，另一尊名為《The Head of State》(坐姿)，揣摩出內戰期間林肯處境的孤獨感。前者完成於1887年，矗立在芝加哥歷史博物館東側的公園中，後者完成於1908年，曾到紐約與舊金山展出，1926年才穩坐在范布稔街車站東側的格蘭特公園裡。

林肯站姿雕像《The Man》(MAP P.15-C3)▶

諾柏特自然博物館
The Peggy Notebaert Natural Museum
與自然生態親近互動

✉ 2430 North Cannon Drive | ☎ (773)755-5100 | http www.naturemuseum.org | ◷ 週一～五09:00～17:00、週末10:00～17:00 | 休 5月第一個週五、感恩節、聖誕節 | 💲 成人$9、60歲以上與學生$7、3～12歲$6。週四為伊利諾州民自由奉獻日。10人以上團體參觀請於2週前預約，成人$7、60歲以上與學生$5.5、3～12歲$4.5 | ➡ 公車151、156於Fullerton Parkway與Stockton Drive交叉口下車。捷運棕線於Diversey站轉乘巴士76往東(終站為博物館) | MAP P.15-C2

鼓勵大眾親近與愛護大自然是諾柏特自然博物館的成立宗旨。1樓的「RiverWorks」利用淺顯易懂的圖示呈訴河川與動植物、人類密不可分的關係，並有可操作的模擬水壩與渦輪機等寓教於樂的設施。「Istock Family Look-in Lab」讓參觀者透過玻璃窗觀看研究人員在動物研究室裡的工作情形。

2樓的「Judy Istock Butterfly Haven」是一座可以欣賞75種、1千多隻美麗蝴蝶的溫室花園；踏出溫室前請檢查是否有嬌客停佇在身上，開門時也請迅速離開；之後沿著走廊有精采的蝴蝶與蛾類生態介紹。館內還有其他動植物、標本以及與芝加哥地區有關的生態展覽，也歡迎民眾加入動物和蝴蝶認養行列(例如認養協助控制蝴蝶區螞蟻與蟑螂的小鵪鶉等)。3樓南邊有賞鳥區「Micole Birdwalk」，館外西側有一條遠離塵囂、沿著湖岸而行的美麗步道，都是認識自然的好去處。

林肯公園溫室植物園、諾柏特自然博物館

1～3.「Judy Istock Butterfly Haven」內有1千多隻美麗蝴蝶，有些會停留在館方準備的黃色承盤上，還有許多「隱藏版」散布在各角落／4.芝城藝術家Amy Lowry以創作為遭受地球暖化影響甚鉅的北極熊發聲

瑞格里球場
Wrigley Field

人瑞級的大聯盟古老球場

✉ 1060 West Addison Street │ ☎ (773)404-2827 │ http www.mlb.com/cubs │ ➡ 紅線Addison 站，出站後右轉沿Addison Street走2分鐘。公車 22於North Clark Street與West Addison Street附近 下車 │ ℹ 3～10月有Daily Tour，每梯次約75～90 分鐘，每人$25(未稅)。參觀區域包括轉播室、球 員休息室等，如當天有比賽，路線會調整。可使 用網路、電話(800)843-2827或現場購票(售票口 於Clark Street和Addison Street交界)，詳情請參 看官方網站：Wrigley Field → Ballpark Tours │ ⁉ 1.現場刷卡購買門票可能會被要求看證件；2.搭乘 紅線到瑞格里球場看球賽時，事先購買回程票或 補足餘額，可節省球賽結束後的交通時間 │ MAP P.15-A1

如果你是棒球迷，來到芝加哥絕對要 安排個時間到小熊隊的瑞格里球場走一 遭。球場建造於1914年，原名為威格曼球 場(Weeghman Park)，1921年改名小熊球 場(Cubs Park)，5年後定名為瑞格里球場， 沿用至今。

瑞格里球場是美國職棒大聯盟第二古 老的球場(僅次於1912年落成的波士頓芬 威球場)。紅磚牆與長春藤、自1937年使用 至今的人工計分板(顧及環境與危險性， 只限男性工作人員操作)、1988年8月才開 始使用的球場照明燈、以及場外住家的 屋頂看臺(平日每人要價$100，季後賽可 能要$1,000)，已成了這座球場的註冊商 標。死忠又熱情的球迷是這裡的另一個特

色，球賽開始前2～3小時，周遭街道就開始出現人潮，家長也會跟孩子在球場旁的Gallagher Way綠地上練投球，氣氛相當歡樂。

球場所在的區域又稱「瑞格里村」(the Wrigleyville)。這附近除了紀念商品店外，還有冠軍盃展示館(Motorola Trophy Room)以及許多餐廳、酒吧，是夜生活相當熱鬧的一區。

1.猜猜投手丘上的左投是誰？是咱們的陳偉殷／2.球場外kuso播報員Harry Caray的黑熊雕塑／3.瑞格里球場的經典紅色看板／4.看到球員路過，趕緊搶拍／5.規模較大的路邊攤商／6.場內店家常常大排長龍

山羊魔咒(The Curse of the Billy Goat)

1945年10月6日，瑞格里球場人聲鼎沸，球迷們都在期待剛從底特律結束前三場世界大賽的小熊隊能在主場旗開得勝。但這天有點不同的是，有位名叫William Sianis(綽號Billy Goat)的人帶了他的寵物山羊Murphy一起入場。工作人員本來打算請他們到最上層的看台走道，但因Billy擁有兩張包廂票，再加上球場沒有限制包廂票的使用對象，所以最後還是讓他們入座。

但包廂裡的觀眾對山羊的氣味抱怨連連，球隊老闆Philip Wrigley只好親自下了逐客令。被趕出場的Billy氣憤難平，惡毒地詛咒小熊隊將無法在主場贏得國聯冠軍或世界冠軍。無巧不巧，小熊隊不但輸了這場比賽，也真的從此與世界冠軍絕緣。雖然Philip Wrigley曾在1950年向Billy道歉，而Billy也在1969年宣告解除詛咒，但小熊隊卻總是與冠軍無緣，直到經過71年後，終於在2016年打破魔咒拿下冠軍，一吐陳年悶氣。

格瑞里球場Daily Tour

雖然曾經在這裡看過幾次球賽，但是隨著解說人員坐在居高臨下的記者席、穿越球員上場前會走過的狹窄長廊、最後登上階梯進入紅土球場的體驗還是很有趣。建議找個好天氣的非戰之日(參觀區域比較完整)，提早到現場購票，附近吃個小點後再回來集合(請於10～15分鐘前至集合處)。

海軍碼頭
Navy Pier

具備豐富的遊樂設施與主題館

✉ 600 East Grand Avenue │ ☎ (800)595-7437 │
http www.navypier.org │ ⏰ 平日：週日～四
10:00～20:00(11～3月週至19:00)，週五、六
10:00～22:00。夏季：週日～四10:00～ 22:00，
週五、六10:00～00:00。陣亡將士紀念日與勞動節
的週末假期：週五～六10:00～00:00，週六～一
10:00～22:00 │ 休 感恩節與聖誕節 │ ➡ 公車(2)、
29、65、66、124。陣亡將士紀念日到勞動節期
間，電車(Trolley)在海軍碼頭與藝術學院美術館間
於4～9月初有免費服務，營運時間詳見官網，站
牌標示為Navy Pier Trolley Stop │ MAP P.14-C1
芝加哥兒童博物館
⏰ 週一～三10:00～17:00，週四延長至20:00，週
五～日至19:00。大人與1歲以上小孩$14、60歲以
上$13。每週四17:00後免費。每月第一個週日15
歲以下學童免費

　海軍碼頭是一處遠近馳名的大型娛樂
休閒中心。因為裡面的設施實在不少，所
以建議在抵達時先進入橘紅色的Family
Pavilion索取地圖與資訊。時間充裕，可以
慢慢逛。如果時間有限，可考慮以下幾個
重點。

芝加哥兒童博物館
(Chicago Children's Museum)

　是個內容豐富且寓教於樂的地方，一定
要帶小孩到這裡，就算沒有小孩你也可以
自己來玩。

碼頭公園(Pier Park)

　有許多遊樂設施，其
中最受歡迎的是15層樓
高的摩天輪，提供從密西
根湖遠望市區的景致；另外
也有旋轉木馬、刺激的Wave Swinger以及
18洞迷你高爾夫球場等，票價約$9起。

芝加哥莎翁劇場
(Chicago Shakespeare Theater)

　表演莎劇的專門劇場，可以上 http www.
chicagoshakes.com查詢演出資訊，或 ☎
(312)595-5600。

美麗的湖濱步道Lakefront Trial

玩家交流

芝加哥是個很適合徒步遊逛的城市，除了壓馬路逛街，另一個不能錯過的地方就是密西根湖畔。位在城市最東側的湖濱步道總長約29公里，如果有跑步裝備，到這裡慢跑是件很酷的事，而騎腳踏車則是較省時省體力。個人喜歡走路，推薦從博物館園區(Museum Campus)或千禧公園開始，往北走至海軍碼頭(慢慢走約1.5小時)，沿途欣賞藝術家創作和城市景觀，在杜塞保碼頭(DuSable Harbor)看大小船舶與護堤風光。

最後可以從Grand Avenue往東轉進海軍碼頭，或是往西到河東中心(River East Center)，再回市中心。

遊船與直升機行程
(Cruise and Helicopter)

碼頭沿岸有近十家的遊船、遊艇服務，行程、價格不一，有的會沿著芝加哥河駛進市區，有的只在湖邊繞行，有的則提供用餐服務。若想要有更特殊的體驗，亦有直升機公司提供15分鐘～1小時不等的行程，資訊請見 www.vertiportchicago.com。

夏日煙火秀(Summer Fireworks)

此外，海軍碼頭夏日每週三21:30與週六22:15、以及國慶日當晚21:30都會施放煙火，結束時的招牌笑臉似乎是提醒著大家，海軍碼頭永遠歡迎大人小孩一起來同樂。

1.兒童博物館與廣場／2.兒童開心遊樂的雕像／3.Windy船公司的高桅橫帆船(Tall Ship)／4.為了安全，某些遊樂設施有身高限制／5.海軍碼頭也是欣賞市中心豪華夜景的好地方(圖片提供© City of Chicago-GRC)

5

奧茲公園
Oz Park

綠野仙蹤的奧茲王國

✉ 2021 North Burling Street | ☎ (312)742-7898 | 🚌 可在North Clark Street與West LaSalle Drive 交叉口搭公車11於Webster Avenue下車。捷運棕線Armitage站,往東走到North Halsted Street,再向北走到Dickens Avenue或Webster Avenue後轉東 | **MAP** P.15-B3

還記得《綠野仙蹤》裡桃樂絲等人尋覓的奧茲王國嗎?如今它在地球上有了一個實際的地址,而且無需跋山涉水就可抵達。奧茲公園的由來,源自於附近居民對於改善社區環境的渴望,在芝加哥市政府與公園管理局的協助下取得現址。而為了紀念一個世紀前曾為社區一份

子的《綠野仙蹤》作者巴姆(Lyman Frank Baum),於是將公園以他筆下的童話王國命名,並加入生動的主角雕像,成功地打造出一片獨特的戶外空間。

「錫人樵夫」與「膽小獅子」守在公園的東北與東南入口處

雕塑家基亞尼（John Kearney）打造的OZ角色

「桃樂絲與多多」陪伴在小朋友最愛的「桃樂絲遊樂場」旁

「稻草人」站在適合賞花休憩的「翡翠花園」裡

湖岬大廈
Lake Point Tower

青出於藍的建築設計

✉ 505 North Lake Shore Drive | ➡ 介於Lake Shore Drive與Navy Pier間，公車(2)、29、65、66、124 | 🅼 P.14-B1、C3

這是唯一一棟位於湖濱大道以東的大樓，建築師亨瑞齊(John Heinrich)與奇波瑞特(George Schipporeit)是密斯在伊利諾理工學院的學生，據說他們的靈感就是來自老師的早期設計。大樓共有三翼(又稱Y-shape)，每翼間隔120度，這樣的設計比原先規畫的四翼更能減少受風面積，並帶給住戶更寬廣的視野。1968年落成時，它是世界最高的鋼筋水泥建築，也是居住樓層最高的公寓大廈。圓形頂樓有高級餐廳Cité，是夏季觀看煙火秀的絕佳地點。主要供應帶有法式風味的當代美式美食，另有吧檯。需事先電話或上網預約。

購 物 娛 樂

推薦給喜愛藝術復刻品者 🛍

歐本海默藝廊
Joel Oppenheimer, Inc. Art Gallery

✉ 10 East Ohio Street | 📞 (312)642-5300 | http www.audubonart.com | 🕐 週一～六 10:00～18:00 | ➡ 紅線Grand站，位於翠工作坊Ohio Street這一側 | ❓ 門鈴在大門右手邊，按1-0-0後待人員開門，進入後再從左側木門入內 | 🅼 P.14-B3

▲在沒有相機的年代，藝術家應用他們的天份，詳實的保存了大自然的美

這是間展售自然歷史畫作復刻品的私人藝廊，主要藝術家為以鳥類作品聞名的John James Audubon(1785～1851年)，他於1826年起以12年的時間畫了435幅《The Birds of America》，栩栩記錄下當時美洲大陸的鳥類生態。另外，還有擅長描繪南美洲蘇利南莫河(Suriname)植物與昆蟲生態的Maria Sibylla Merian(1647～1717年)等不同領域藝術家的作品。雖然展售品要價不菲，但還是相當推薦參觀(請保持禮貌；可出示本書)。

來此參觀兼挖寶
麥地那會堂與翠工作坊
Medinah Temple & Tree Studios

✉ 介於Ontario、Ohio、State、Wabash Street之間 | 🚇 紅線Grand站。公車22、29、36、65、(125) | 🏛 市級古蹟 | 🗺 P.14-B3

中東色彩極濃的麥地那會堂原是一個可以容納4,200人的集會場，其美麗的內外裝潢與彩繪玻璃堪稱一絕；由於音效極佳，曾是芝加哥交響樂團的錄音室，男高音帕華洛帝也在這裡演唱過。

緊鄰的翠工作坊是全美第一棟專為視覺藝術家設計的工作室，兩棟樓的出資興建者是藍柏翠(Lambert Tree)與安娜翠(Anna Tree，為百貨商Marshall Field之女)夫妻。麥地那會堂於2003年成為百貨公司Bloomingdale家具與居家用品的專賣店，兩者結合相得益彰，於頂樓可看到環繞彩繪小窗的圓頂，逛2、3樓時也不妨留意外牆上的長型花窗。

翠工作坊興建於1894年，身具市級與國家級古蹟地位。店裡有片採光很好的落地窗，而歐本海默藝廊的所在地非常別致，搭配藝廊的巧手規畫，讓人印象深刻。

State Street上是一排古董、藝術品與餐飲的商店，其中613號的P.O.S.H.擁有許多市面上不常見的居家用品，在此大力推薦。餐具、瓷器、裝飾品大多來自歐洲飯店的拍賣品，或是老闆Karl Sorensen自己在仿古董製造商、跳蚤市場所挖來的寶，店裡也有一些特別的芝加哥紀念商品或兒童用品。

P.O.S.H. 🕙 週一～六10:00～19:00，週日11:00～17:00 | 🌐 www.poshchicago.com

------

1、2.麥地那會堂帶有濃濃的中東味／3.翠工作坊有些店面常見變更，但P.O.S.H.卻深根下來，相當不容易／4.P.O.S.H.老闆Karl Soresen總是充滿活力

Near North Side & Lincoln Park

芝加哥的第五大道

曼麗芬大道
Magnificent Mile

介於密西根大道橋與Oak Street之間的北密西根大道 | http www.themagnificentmile.com | MAP P.14-B2

集名牌、美食、娛樂、文化於一身，曼麗芬大道就等同香榭大道與第五大道，是一條不折不扣的購物大街。滿街的設計品牌，包括Salvatore Ferragamo、Chanel、Louis Vuitton、Burberry、Ralph Lauren、Brooks Brothers、Tiffany等，另外也有TUMI、Under Armour、Niketown、UNIQLO、UGG等。百貨公司美食街提供好吃又不貴的餐飲，選擇外帶者可以到古水塔旁的廣場歇腳休憩。此外，別錯過了感恩節前一個週五和週六的曼麗芬大道點燈活動(Magnificent Mile Lights Festival)！數以萬計的小燈泡將從Oak Street往南發光至Wacker Drive，迪士尼卡通人物會陪大家遊街，芝加哥河上也有盛大煙火秀(時間請見官網Light Festivals)。喜歡跑步的人則可留意9月的Run Mag Mile短程路跑活動。

簡潔大方的蘋果旗艦店
Apple Michigan Avenue

✉ 401 North Michigan Avenue ｜ ☎ (312)529-9500 ｜ http www.apple.com/retail/michiganavenue ｜ ⏰ 週一～週六09:00～21:00，週日10:00～19:00 ｜ ➡ 位於密西根大道橋東北角 ｜ MAP P.12-B1、P.14-B3

　　這間設計時尚的四角圓弧玻璃屋是2017年10月落成的蘋果專賣店，巧妙運用了密西根大道與芝加哥河的落差，營造出一個梯型空間。客人推進大門後，首先會有彷彿進入階梯教室的新鮮感，除了高畫質的大螢幕外，視野幾乎不受阻攔可一眼捕捉芝加哥河與兩側景致。展示空間在階梯下方，另外也常舉辦教學與分享會。如果不方便走樓梯，左側大門旁有電梯可搭乘。

▼這間蘋果專賣店無論地點、設計與環境都很優

集時裝、珠寶與美食於一身
ikram精品店

✉ 15 East Huron Street ｜ ☎ (312)587-1000 ｜ http www.ikram.com ｜ ⏰ 服飾店與Café週一～六10:00～18:00，接受特別預約 ｜ 💲 主餐約$20起 ｜ ➡ 紅線Grand站與Chicago站之間，於State Street與East Huron Street街角不遠 ｜ MAP P.14-B2

　　芝加哥時裝界名人Ikram Goldman所開設的設計師服飾精品店。Goldman獨到精準的眼光讓許多名流都成為座上嘉賓，美國總統夫人蜜雪兒歐巴馬在2009年就職典禮所穿著的吳季剛白色單肩雪紡紗禮服就是由她所挑選，造成全球熱烈討論，

也使她的事業攀上高峰。店內同時設有藝廊。Café以綠城市集農家所供應的新鮮食材為主，有湯、沙拉、三明治等選擇，建議事先預約。

高雅貴婦的後花園

橡樹街精品區
Oak Street District

http www.oakstreetchicago.com | ➡ Oak Street：介於North Michigan Street與State Street間，公車36、(143)、(144)、145～ 147、(148)、151。| MAP P.14-B2

進入橡樹街，大馬路上的喧囂不見了，取而代之的是一股貴氣逼人的氛圍。Jimmy Choo、Dolce & Gabanna、TOD's、Prada、Hermès等精品店隱身在此，另外還有許多設計家服飾店(如Vera Wang)、珠寶店(如Harry Winston)、古董店、美容沙龍等。沿橡樹街往西走會遇到Rush Street與State Street，這一帶同樣是精品區，有Christian Dior，也有Barney's New York百貨公司、名車經銷商、以滑板和相關用品聞名的Vans等(店家大約集中在Elm Street與Pearson Street之間)。

如果你想找美國品牌，以手工皮靴聞名的Frye頗值得一逛(✉ 1007 North Rush Street，🕒 週一～六10:00～19:00，週日11:00～18:00)。1863年創始於麻州，Frye因靴子好穿、品質優良，從1940年代起歷經牛仔、二戰士兵，到為總統夫人量身定做等，一直深受大眾與名人喜愛。除了各式男女鞋款，也有皮件包包與飾品。

137

給家裡寵物帶個伴手禮吧
tails in the city

✉ 1 East Delaware Place │ 📞 (312)649-0347 │
🌐 www.tailsinthecity.com │ 🕐 週一～六
10:00～18:00，週日12:00～17:00 │ 休 重要節慶
日休息。 ➡ 紅線Chicago站。公車22、36、66。
介於State Street與Rush Street之間 🗺 P.14-B2

旅行時是否會惦記著家裡的毛怪呢？那就來這家寵物精品店挑個小禮物慰勞牠們吧。店內商品以狗的衣服、用品和零嘴為主，也有貓咪項圈、玩具，和兩者都可用的行李袋、睡墊、碗盤等。衣服有分Size，購買前要想清楚愛犬的體型再下手。

1、2.tails in the city是芝加哥著名的寵物精品店／3.萬聖節裝的牛頭犬

水岸旁的一方清靜之地
河東中心
River East Art Center

✉ 401 East Illinois Street │ ➡ 位於Illinois Street與McClurg Court東南交叉口。紅線State或Grand站轉乘公車29、65，公車(2)、66、124亦可達 🗺 P.14-C3

早期稱為北岸碼頭(North Pier)，用途從倉庫、辦公室，轉型為複合式藝術中心、商店兼公寓。位於Illinois Street西側轉角的店面，長期都是經營超商，是這附近採買或喝杯咖啡的好地方。中心後方緊鄰芝加哥河一小段支線，這裡枝葉扶疏、景致優美，是市區裡難能可貴的靜謐之處。羅馬尼亞出生的畫家Alexandru Darida就在這裡設了藝廊，畫家本人很有禮貌，也很樂意分享他的創作理念。風評不錯的Winter's Jazz Club也在這裡，而某些遊船公司的遊河服務從這裡開始，例如提供建築與歷史解說的Chicago Line Cruises(🌐 www.chicagoline.com)。

1.河東中心後的芝加哥河支線風光／2.畫家Alexandru Darida藝廊前的店招看板

138

聽藍調與搖滾樂的好地方

芝加哥藍調之屋
House of Blues Chicago

✉ 329 North Dearborn Avenue | ☎ (312)923-2000 | http www.houseofblues.com | ⏰ 午餐週一～六11:30～16:00。晚餐週日～四16:00～22:00、週五～六16:00～23:00 | ➡ 位於船塢城雙塔北邊 | MAP P.14-B3

芝加哥House of Blues坐落在鯨魚造型的船塢城戲院裡,內部的異國風和民俗風裝飾讓人眼花撩亂,宛如一座小型收藏館。這裡以舉辦藍調與搖滾類型的演場會為主。1樓有售票口、餐廳與商品販賣部,餐廳也有表演舞台,幾乎每天都有多場演出,可上網查詢Concerts &

Events。週日10:00與12:30各有一場Gospel Brunch,可以邊享用早午餐邊聆聽福音音樂(需事先購票)。

芝城最有幹勁的爵士俱樂部

Andy爵士吧
Andy's Jazz Club

✉ 11 East Hubbard Street | ☎ (312)642-6805 | http www.andysjazzclub.com | ⏰ 3～12月每日餐廳16:30～11:30,現場演出17:00、19:00、21:30、11:30四場次 | 💲 主點約$18起。演出另外收費,每人$10～15 | ➡ 紅線Grand站。公車22、29、36、65 | ⚠ 1.未滿21歲須成人陪同且須用餐,可欣賞17:00、19:00演出(其他兩場須滿21歲才能入場);2.客人皆須攜含照片之有效證件備查;3.用餐者請事先訂位,有2小時限制,之後如想留下店家會帶往吧檯區;4.未用餐者先到先後位;5.演出費用全額幾付演出者 | MAP P.14-B3

營業超過40年的Andy爵士吧是芝加哥市中心首屈一指的爵士/藍調餐廳之一,曾被評論為「業界中最有幹勁的店家」。這家店最早在1951年是Andy Rizzuto開設、以服務鄰近報社人員為主的Andy's

酒吧,1975年易手後因緣際會地成為爵士樂手的固定演出場所,餐廳也因而轉型為爵士吧。演出詳情請上網查詢Music Calendar。

聆聽藍調女聲

芝加哥藍調吧克拉克店
Blue Chicago on Clark

✉ 536 North Clark Street | ☎ (312)661-0100 | http
www.bluechicago.com | ⏰ 週日～五
20:00～01:30，週六20:00～02:30 | 💲 入場費週
日～四$10，週五、六$12(現場購票，信用卡可)。
店內僅販售飲料 | ➡ 紅線Grand站，沿著Grand
Street往西走至Clark Street。公車22、65、66、
156 | MAP P.14-A3

　　1985年開幕，芝加哥藍調吧以推廣
藍調女聲聞名。克拉克店舞台不大，但
這裡的音樂與不拘謹的氣氛卻總能引
來人潮。需滿21歲且攜帶含照片的有
效證件才能入內。演出詳情請上網查詢
Schedule。

新鮮農產品提貨站

綠城市集
Green City Market

http www.chicagogreencitymarket.org | MAP P.15-A1、
C2、C3

　　綠城市集是推廣在地農產品的組織。
市集舉行處包括林肯公園西南端(✉
Clark Street與LaSalle Street交界 | ⏰
5～10月底每週三、六07:00～13:00)，以及
諾柏特自然博物館大廳(⏰ 11～4月底週
六08:30～13:00)，或是瑞格里球場
Gallagher Way(⏰ 6～10月週四16:00～
20:00)，與西路普區Mary Bartelme Park
(⏰ 6～10月週六08:00～13:00)，在農產市
集裡可以買到新鮮蔬果、花卉、蜂蜜、糕
點、乳製品等，非常有意思。

旅行小抄

到農場市集找新鮮

　　在市政府推動下，近年來農產市集(City
Market)已成為芝加哥人夏、秋兩季重要的
新鮮提貨站，且並不只有獨厚市區居民，郊
區民眾也能就近採買。其中Maxwell Street
Market是熱鬧的傳統市集，找得到墨西哥
與拉丁美洲的街頭小吃(✉ 800 South De-
splaine Street與Taylor Street | ⏰ 每週日
07:00～15:00)。相關市集訊息請查詢網
址。

http chicagocitymarkets.us

欣賞知名的藍人表演

布萊爾街戲院
Briar Street Theatre

✉ 3133 North Halsted Street │ ☎ (773)348-4000 │ 🌐 www.blueman.com │ ⏰ 售票時間：週一～三12:00～18:00，週四～五12:00～20:00，週六10:00～20:00，週日12:00～16:00。亦可透過電話和網路購票 │ 💲 $49～99，10人以上另有優惠 │ ➡ 紅／棕線Belmont站，沿Belmont Avenue往東走，遇Halsted Street往南走到Briar Place │ ℹ 會發送雨披(Poncho)給靠近舞台前排座位的觀眾，也建議這些觀眾不要穿著難以清洗的服裝入場。3歲以上才能入場 │ MAP P.15-B2

戲院建造於1901年，最初是馬歇菲爾德百貨公司運貨馬兒的休息處，70年代易主轉型成拍

片與後製中心，也曾有劇碼在此登台。目前長期作為Blue Man Group表演場所，也特別配合其特色進行內部裝潢。Blue Man Show由全身塗滿藍漆的光頭表演者透過打擊、雜技、特殊聲光效果和舞台設計與觀眾互動，內容高潮迭起，有機會的話，建議親自感受它的奇趣魅力。

▼Blue Man Show的戲碼經常推陳出新，有機會一定要看一場

尋找二手黑膠唱片的好去處

Reckless Records

✉ 3126 North Broadway Street │ ☎ (773)404-5080 │ 🌐 reckless.com │ ⏰ 週一～六10:00～22:00，週日10:00～20:00 │ ➡ 紅／棕線Belmont站下車，沿Belmont Avenue往東走到Broadway Street轉彎向南走，過了Briar Place即可達。公車8、22、36 │ MAP P.15-B2

源自倫敦的影音商品專賣店，目前芝城內有3家店。這家店在知識分子咖啡廳(見P.153)對面，裡面擺著許多早期黑膠唱片、CD與唱片海報。店內也販售新發行的音樂專輯與Video Games等。

旅行小抄

Diversey Pkwy與Clark Street購物街

Broadway Street南端與Diversey和Clark兩條路交接，這一帶也是熱鬧的年輕族群購物區，有Urban Outfit、Express、香蕉共和國Banana Republic等服店，還有Trader Joe's、Mariano's超市和許多餐廳。附近有Hotel Versey與Chicago Getaway Hostel，是想入住此區者頗為方便的選擇。

Armitage & Halsted 購物街

➡ 棕線Armitage站，介於Armitage與Halsted、Webster之間 | **MAP** P.15-A3

林肯公園區裡的購物精華地帶，近年店家有越來越多的趨勢，且以講究品味的年輕族群為訴求。以下介紹幾家創立於芝城的在地店。

出了地鐵站往東走，沒幾步就會看到918號有一棟黑色鋼架玻璃屋，上面寫著THE TIE BAR(本址為旗艦店)，它是專門為紳士型男打理行頭的平價服飾店，從領帶、領夾、蝶形領結、襯衫、褲子、襪子等都包辦。產品設計年輕，針織領帶(knit tie)據說是網路詢問度最高的品項之一，是間不只男生想逛，連女生也可能會想找禮物送人的店。

對街也有幾家有趣的店，例如921號的Chicago Bar Shop，如果想在自家設個吧檯、或想開家酒吧，這間店可為你提供設備、裝潢上的專業建議。833號位於街角的Interior Define是間客製沙發店，以芝加哥設計再搭配中國製作團隊，著重品質與服務，也讓人懷想起尚未出現大型家具行的年代。

919號的Paper Source創業於1983年，提供自家設計或進口包裝紙、卡片、文房用品、月曆等，性質與825號的All She Wrote

CTA棕線Armitage站

Halsted Street上的店家，最右邊的白色店面是Read It & Eat

THE TIE BAR

有些類似，後者針對女性日常生活訴求多了配件和小孩用品等，兩者都是需要辦Party，或要挑選小禮物時可以來逛的店。

從Armitage Avenue往東一直走到Halsted Street，左轉往北邊也有一些商店。2050號是可以讓客人自己調配香水的Aroma Workshop，2142號Read It & Eat則是專售飲食相關書籍的書店與廚藝教室。

旅行小抄

欣賞Armitage風情

只有棕線捷運會停靠的Armitage車站至今已年過百歲，曾有過殘破的時期，但隨著棕線大整修，車站也除去塵埃，重新找回光潔面貌，並加裝了電梯以方便乘客。行經Armitage的時候，你應該會感覺附近房屋似乎不太一樣。的確，這條歷史悠久且已納入市級古蹟的商店街保留了1870～1930年代老屋；具有突出角樓和窗框的轉角樓房最為搶眼，其他坐落街區中段的房子也相當有味道。Halsted Street往北到Webster Street亦屬於古蹟區，穿插著服飾店與餐廳等。

想在家裡裝個吧檯嗎？Chicago Bar Shop可為你服務

Paper Source

Peruvian Connection是家質感不錯的女性服飾店

芝城最知名的空中餐廳

The Signature Room & Lounge

✉ 875 North Michigan Avenue | ☎ (312)787-9596 | http www.signatureroom.com | ⏰ Signature Room午餐：週一～五11:00～14:30。晚餐：週日～四17:00～22:00，週五、六17:00～23:00。早午餐：週末10:00～14:30。Signature Lounge：週日～四11:00～00:30，週五、六11:00～01:30 | 💲午餐主餐約$22起，晚餐主餐約$30起。早午餐大人$55、12歲以下$25 | ➡ 於漢卡克中心1樓南口進入，通過保全人員後搭專用電梯至95、96樓 | ❓ Signature Lounge年齡限制：未滿21歲於11:00～19:00須有成人陪同，19:00後須滿21歲才能進入 | MAP P.14-B2

芝加哥最知名的空中餐廳，也是鳥瞰芝城全景的最佳地點。創始於1993年，Signature Room曾獲米其林指南推薦，而Lounge則以全天開放、氣氛輕鬆與特調雞尾酒取勝。選個晴天的日子來欣賞夕陽與華燈初上的夜景，保證讓你沉醉其中。

適合親子用餐

Cheesecake Factory

✉ 875 North Michigan Avenue | ☎ (312)337-1101 | http www.thecheesecakefactory.com | ⏰ 週一～四11:00～23:00，週五11:00～00:00，週六10:00～00:00，週日10:00～23:00。早午餐：週末10:00～14:00 | 💲主餐約$11起 | ➡ 位於漢卡克中心地下1樓 | MAP P.14-B2

Cheesecake Factory是家有40年歷史的知名連鎖餐廳，這裡的菜色豐富，種類繁多，十幾頁的菜單往往讓第一次來的客人費盡思量。不管是選擇義大利麵或是海鮮作為主菜，絕對不能忘了點個起司蛋糕作為飯後甜點，原味起司蛋糕是數十種口味中的經典，也是打響這家店名號的招牌。餐前麵包美味可口，與飲料一樣都可免費再續；主菜分量頗大，足夠兩個人吃。如有飲食上的特殊要求，也可告知服務人員，或參考低卡路里的SkinnyLicious®菜單。

專賣芝加哥式熱狗
Downtown Dogs

804 North Rush Street | (312)951-5141 | rushanddivision.com/downtown-dogs | 週一～四10:00～21:00，週五10:00～ 03:00，週六10:00～04:00，週日11:00～ 21:00 | 約$3.45起 | 紅線Chicago站。公車66。位於Chicago Avenue與Rush Street交界 | P.14-B2

據統計，歐海爾機場(O'hare Airport)一年賣掉200萬份熱狗，堪稱全美熱狗銷售第一的地方。為什麼呢？因為經過機場的人都想要把握機會大咬一口芝加哥式熱狗(Chicago Style Hot Dogs)。

場景拉回1893年世界博覽會，Emil Reichel與Sam Ladany兩名來自奧地利與匈牙利的移民，在會場內設攤賣起了以純牛肉製成的上等肉腸，並將之命名為芝加哥式熱狗。由於反應不錯，壯大了兩人的信心，隔年經營起唯安那香腸公司(Vienna Sausage Company)，芝加哥式熱狗從此成為庶民小吃的一部分。1930年經濟大蕭條期間，熱狗仍以一份5分錢的便宜價格抓住顧客的胃，此時有小販想出在熱狗上添加生菜的點子，沒想到造成熱賣，從此芝加哥式熱狗的名號更加響亮，紅遍全美。

現在，80%以上的芝城熱狗店都還是使用唯安那肉類食品，而這間位於鬧區中的小店Downtown Dogs也是如此。師傅說，他們的招牌是燒烤熱狗(Char Dogs，一份$3.50)。當然，你也可以問問店裡排隊的人，他們的最愛是什麼。

旅行小抄

芝加哥式熱狗小辭典

最初的芝加哥式熱狗，是以蒸過的罌粟籽熱狗麵包(Poppyseed Bun)夾著也是蒸過的唯安那牛肉熱狗，加上洋蔥、番茄片、醃黃瓜條、辣椒條(Sport Peppers)、芥末醬、綠醬(Green Relish，由切碎小黃瓜、白洋蔥、青椒等蔬菜加上糖、鹽、薑黃、芥末籽、甜醋等製成)和一點香芹籽鹽(Celery Salt)而來的美食。

▲芝加哥式熱狗的基本配料裡沒有番茄醬，你發現了嗎？

想吃披薩？先排隊！
Pizzeria Uno

✉ 29 East Ohio Street │ ☎ (312)321-1000 │ http www.unos.com │ ⏰ 週一～五11:00～01:00，週六11:00～02:00，週日11:00～23:00 │ 💲 約$10 起 │ ➡ 位於Ohio Street與Wabash Avenue交界。紅線Grand站。公車29、36、65、(125) │ ⁉ 可事先上網預定餐點，節省等候時間。姊妹店Pizzeria Due就位於Uno東北方一街之隔，也可到此用餐 │ MAP P.14-B3

甜點Deep Dish Sundae

1943年創立的Pizzeria Uno是芝加哥厚片披薩(Deep Dish Pizza)的發源地。厚片披薩的特點在於麵皮超厚且帶有甜味、內含大量起司，也因此它比薄片更需要高溫(華氏600度)與長時間的烘烤。來這裡用餐一定要有等待的心理準備，而且最好在開店前抵達以避開人潮，或避開尖峰時間。

推薦品自然是厚片披薩，如招牌Numero Uno®(臘腸、辣味香腸、洋蔥、蘑菇、番茄塊、mozzarella與romano兩種起司)或是新品Chicago Fire(脆皮嫩雞、墨西哥辣椒、4種起司)、Farmer's Market(蔬食餡料)等，另也有薄片或無麩質披薩。週間15:00前來，「午間特餐」上餐快速、內容也豐富，每天搭配不同口味披薩，可先至網站查詢「Menu→Lunch Specials」就可看到菜單。

1.Uno牆壁上的廣告看板與顧客簽名／2.不同size的Pizza烤盤，最小的是個人份／3.招牌Numero Uno®令人百吃不厭，餅皮香與內餡厚實，搭配Goose Island啤酒滿好的

Near North Side & Lincoln Park

歷久未衰的美國巧克力品牌 ☕
GHIRARDELLI

✉ 830 North Michigan Avenue ┃ ☎ (312)337-9330 ┃ http www.ghirardelli.com ┃ ⏰ 週日～四10:00～22:00，週五、六10:00～23:00 ┃ ➡ 紅線Chicago站，位於古水塔北側的Pearson Street上 ┃ ℹ 瑞格里大樓1樓也有分店 ┃ MAP P.14-B2

　　GHIRARDELLI(gear-ar-delly)巧克力是美國甜食文化的另一頁傳奇。來自義大利的創辦人Domingo Ghirardelli因著淘金夢落腳加州，但最後反而由自小在家鄉習得的巧克力製作技巧找到生命中真正的金礦，品牌由1852年創立至今，未曾衰落。除了購買純巧克力或是各種不同內餡的方塊巧克力之外，也可以點杯熱可可或冰淇

淋坐下來休息。有點餓的話，鬆脆香熱的巧克力可頌是不錯的選擇，還會搭配一杯咖啡喔！

1.瑞格里大樓分店／2.古水塔旁的店面有戶外座位

法式甜蜜 ☕
Alliance Patisserie

✉ 615 North State Street ┃ ☎ (312)374-4144 ┃ http www.alliancepatisserie.com ┃ ⏰ 週日～四09:00～20:00，週五、六09:00～22:00 ┃ ➡ 紅線Grand站，位於P.O.S.H.隔壁 ┃ MAP P.14-B3

　　逛街至翠工作坊時，若想買個點心解饞，或坐下來好好休息，專賣法式甜點與馬卡龍的Alliance Patisserie會是不錯的選擇。馬卡龍大多以當季水果為原料，不會太甜膩，另也有不同口味的可頌，搭配咖啡都很棒(尤其天冷時)。於Bucktown另有開設Alliance Bakery，也是間可愛的小店。

1.甜點令人難以拒絕／2.位於翠工作坊的店面，櫥窗布置繽紛／3.Bucktown分店氣氛溫馨

Harry Caray's

✉ 33 West Kinzie Street | ☎ (312)828-0966 | http
www.harrycarays.com | ⏱ 午餐：每日
11:30～15:00。晚餐：週一～四15:00～22:30，週
五、六15:00～23:00、週日15:00～22:00。吧檯：
每日11:30起 | 💲 主餐約$15起 | 🚇 紅線Grand
站。公車22、29、36、62 | MAP P.14-B3

這是一家以職棒播報員Harry Caray為名
的義式牛排館，Harry的招牌笑臉與口頭禪
「Holly Cow！」就畫在Dearborn Street的牆
上，Kinzie Street上則有一整面牆畫著他手
拿最愛的Budweiser啤酒開懷大笑地模樣。
菜色以義大利麵、漢堡、牛排、三明治為
主，也有無麩質(Gluten Free)菜單，晚餐另
有海鮮料理。HOLY COW!® Burger是內含
沙朗牛肉、紅糖煙燻培根、高德乾酪、萵苣
並添加Harry's牛排醬的漢堡。也可選擇維
蘇威嫩雞(Harry's Chicken Vesuvio)，這份
餐點還會搭配白酒。Harry Caray's抓住的

不只是顧客的胃，還有球迷的心。當1997
年小熊隊以14敗0勝的低迷表現展開球季
時，為了提振士氣，當下推出Budweiser每
瓶賣45分的活動，總計直到小熊拿下首勝
為止，共賣出5萬多瓶啤酒，意義與話題性

旅行小抄

紅磚屋裡的祕密

這棟樓的真正名字是Chicago Varnish Company Building，由柯布(Henry Ives Cobb)於

1895年所設計，已列入市級古蹟，
也是芝加哥市僅存的荷蘭復興式建
築。惡名昭彰的黑手黨成員「強制
者」Frank Nitti在1943年自殺身亡
前曾擁有頂樓一間公寓(至今仍保
留原樣)，但後人發現不僅Nitti的
公寓裡藏有一處用厚石牆圍出的祕
室，連大樓地下室也有個一千平方
呎大的拱形密室(由Harry Caray's
的員工在1998年發現)。沒人知道
紅磚屋裡是否還藏有其他祕密，但
肯定的是，這個疑問與傳奇將永遠
流傳下去。

十足。2003年那顆因球迷搶接、害小熊隊無緣贏得國家聯盟冠軍的棒球則被標下並予以敲碎，終結了這球的存在，並宣告一件傷心往事的落幕。每天晚上19:30「與Harry一同歡唱」的餘興節目則是藉由高歌來懷念他。此外，2月18日Harry辭世日前後，也會與全球其他城市共同舉行紀念活動，另有其他活動，詳見官網「Holidays＋Events」。

1、2. Harry Caray是芝城無人不知無人不曉的名人，餐廳不只有他的雕像，連菜單布告欄上也可見其照片

2

大型速食店龍頭

McDonald's Flagship Store

✉ 600 North Clark Street｜🕐 全年24小時無休｜➡ Clark Street上，位於Ontario與Ohio Street之間。紅線Grand站。公車22、65、(125)、156｜**MAP** P.14-A3

麥當勞店面何其多，但這間全球旗艦店就如領頭羊一樣，無論外觀設計或服務內容，在未來都會影響分店走向。2018年1月底麥當勞公布旗艦店的新樣貌，是由在地建築事務所Ross Barney Architects所設計，簡潔亮麗，顯現時尚感。內部搭配植栽，廚具與燈具等也以節能環保為取向，並有自助點餐系統。

旅行小抄

向舊旗艦店說再見

　　這是麥當勞集團為了慶祝創業50週年所建(改造自原先的麥當勞Rock-N-Roll主題餐廳)，黃色拱橋(Golden Arches)穿過了兩層樓的玻璃建築物，非常醒目，在當年也別具現代感。如今這種外觀的麥當勞已不算特別，但在那個年代，也是創新設計喔。

◀舊旗艦店拆除過後，現場只剩一支看板。新的店面長相如何？就待你發掘囉！

Since 1978的高級牛排館

Morton's State Street–The Original

✉ 1050 North State Street，介於State Street與 West Maple Street交叉口 | ☎ (312)266-4820 | http www.mortons.com | 🕐 晚餐：週一～六 17:30～23:00，週日17:00～ 22:00。吧檯：週一 ～六17:00～23:00，週日17:00～22:00 | 💲 主餐 約$50起 | ➡ 紅線Chicago、Clark／Division站。 公車36。餐廳在大樓地下室裡，可由面對著State Street的門口進入 | ❓ 勿著T-shirt、牛仔褲、短 褲、涼鞋。可事先打電話或上網訂位。分店位於 65 East Wacker Place，有供應午餐 | MAP P.14-B2

如果想在成千的芝加哥餐廳裡找個有格調的隱密處用餐，Morton's應該不會讓你失望。以供應高級牛排聞名的Morton's已有40年歷史，在美國、香港、新加坡、澳門等地設有超過70家分店，但這間坐落在Rush Street鬧區的總店卻只以簡單招牌為門面，讓初次拜訪的人摸不著該從哪進入。

別緊張，其實入口處那扇厚重木門後面有著另一個由音樂、雪茄香與暖色燈光構築的輕鬆世界；睜大眼瞧，搞不好會發現明星或公眾人物。酒吧Bar於週間17:00～20:00提供「Power Hour」服務，可用$7～8享受一份小份Bar Bites(如薯條佐藍紋乳酪、頂級起司牛肉堡或菲力三明治等)，再搭配特選酒類好好補充體力。

旅行小抄

Michael Jordan Steak House

NBA球星麥可‧喬登開設的同名牛排館，裝潢以紅色調為主，讓人聯想到公牛隊的顏色。甜點中有道特殊的23層巧克力蛋糕(23是喬登的球衣號碼)，在酒吧區也點得到。

✉ 505 North Michigan Avenue
☎ (312)321-8823
http mjshchicago.com
🕐 午餐：週一～日11:00～15:00，晚餐：週一～四17:00～22:00，週五～六至23:00，週日至21:00
💲 主餐約$30起
➡ North Michigan Avenue上，位於InterContinental Chicago旅館
MAP P.14-B3

親切迷人的早午餐小店
Toast

✉ 746 West Webster Avenue｜📞 (773)935-5600｜🌐 www.chicago-toast.com｜🕐 週一～五08:00～15:00，最後入座時間14:45；週六～日08:00～16:00，最後入座時間15:45｜💲 約$8起，兒童餐約$2.5起｜➡ 棕線Armitage站或紅／棕線Fullerton站下車，位於車站東邊的Halsted Street和Webster Avenue交界之東。公車11、73、74。鄰近奧茲公園｜🗺 P.15-B3

　　沒有突顯的店面，但是招牌上那片看起來香熱酥脆的烤麵包一定會吸引路過的人停下來多看一眼。於1996年開始在此營業的Toast專供早餐與午餐，包括美式早餐、法國吐司

、鬆餅、薄餅、三明治、沙拉、酒精飲料如Monster Bloody Mary和Mimosa等。店內氣氛溫馨，服務親切，加上餐點美味，平日中午也常滿座。若來不及當早鳥，建議先在附近逛逛等13:30之後再來用餐。另有分店在Bucktown，地址是2046 North Damen Avenue。

1. Toast在奧茲公園旁的店面，擁有可愛的店招設計／**2.** 和善又英挺的Toast老闆／**3.** 搭配多樣水果的法國吐司

米其林3星連年肯定
Alinea

✉ 1723 North Halsted Street｜📞 (312)867-0110｜🌐 www.alinearestaurant.com｜🕐 週一～二17:00～21:30，週三～日15:00～22:00｜💲 用餐選項有3：Kitchen Table $385～390、The Gallery $285～360、The Salon $185～270｜➡ 紅線North／Clybourn站，沿Halsted Street往北走約6分鐘。或棕線Armitage站，沿Armitage往東走至Halsted Street，右轉朝南過Willow Street(全程約12分鐘)｜❓ 必須事先網路預約，建議至少於3個月前訂位｜🗺 P.15-B3

　　芝城無人不知、無人不曉的餐廳，就隱身在超低調的門面之後。由Grant Achatz領軍手下廚師共同打造的Alinea，提供的不只是美食，更在於無比的創意與革新，顛覆常人對於食物的認知與想像。除了擁有米其林3星，也名列全球50大餐廳前段班。

　　Halsted街上有很多熱門餐飲，如Boka、Vinci、King Crab House Chicago、Front Bar，靠近Armitage Street也有不少選擇，如Café Ba-Ba-Rebba、Oyster Bah等。

1. Alinea大門／**2.** Halsted街上餐館林立

一定要來一桶的爆米花
Nuts on Clark 總店

✉ 3830 North Clark Street | ☎ (773)549-6622 |
http www.nutsonclark.com | ⏰ 週一～六09:00～
16:00 | ➡ 紅線Addison站，沿瑞格里球場旁North
Clark Street往北走約10分鐘，位於Grace與Byron
Street之間。公車22 | MAP P.15-C1

　　Nuts on Clark由Kenney家族父傳子在芝
城營業超過37年之久，總店掛著誇大又帶
詼諧趣味的黑色招牌，賣場空間頗大，擺

滿各式爆米花和堅果等零嘴，旁邊則是生產區。產品有袋裝、塑膠盒裝與罐裝，送禮自用兩相宜。歐海爾機場(航廈T1、T2、T3、T5)、中途機場、聯邦車站與各大職業球隊球場都買得到。

無人可拒絕的冰淇淋
Jeni's Splendid Ice Creams

✉ 3657 North Clark Street | ☎ (773)666-5490 |
http jenis.com/wrigleyville | ⏰ 週一～四12:00～
23:00，週五～日11:00～23:00 | ➡ 紅線Addison
站，走至瑞格里球場Addison Street與Clark Street
交叉口再右轉往北走約2分鐘 | MAP P.15-A1

　　源自俄亥俄州、由知名冰淇淋廚師Jeni
Britton Bauer創立的冰淇淋店，在2018年春
天趕在球季開始前，來到了瑞格里球場旁。

　　口味很多，如牛奶巧克力、羊起司、野
莓薰衣草、鹽味花生混巧克力碎片，如有
新款，黑板上也會標示「NEW」。點餐分為
單球(Single，1球冰淇淋)、標準(Standard，
2個半球冰淇淋)、兒童(Kids，1個半球冰淇
淋)、三球(Trio，3個半球冰
淇淋)。口味與食材都
有卡路里標示，但
是，既然都來了，就
盡情享受好滋味吧！

▶店員介紹不會太甜的
檸檬藍莓口味

▲店內空間頗大，牆上掛滿照片

旅行小抄

瑞格里球場用餐
　　現在的瑞格里球場外多了一些用餐選
擇，球場外Gallagher Way廣場與綠地對面
有麥當勞、Smoke Daddy BBQ(適合親子
用餐)，其他則大多是餐酒館。球場內也有
販售熱狗、漢堡、啤酒、零嘴的攤子，不過
會比外面賣得貴一些。

堅持品質的好咖啡

Intelligentsia Coffee & Tea Broadway Coffeebar

✉ 3123 North Broadway Street ｜ ☎ (773)348-8058 ｜ http www.intelligentsiacoffee.com ｜ ⏰ 週一～五06:30～20:00，週末07:00～20:00 ｜ ➡ 紅／棕線Belmont站下車，沿著Belmont Avenue往東走到Broadway Street轉彎向南走，過了Briar Place即可達。公車8、22、36 ｜ MAP P.15-B2

知識分子咖啡的芝城旗艦店，這裡室內寬敞，讓喜歡在咖啡館工作的人有更便利的空間。咖啡清單就擺在櫃檯上，告訴你當日的咖啡豆款，如果不確定該點哪一樣，可以請店員介紹，或是參考櫃子上咖啡豆包裝上的說明。Logan Square、Old Town和Wicker Park也設有分店。

旅行小抄

年輕人聚集的Broadway Street與Boystown

Broadway Street最南端從與Diversey Parkway和Clark Street的三角交界開始。建議搭公車來，不嫌麻煩的話，也可以從捷運Diversey站下車，沿著Diversey Parkway往東走。到了Broadway，門牌2951號的Bobtail Ice Cream Company是風評不錯的在地冰淇淋店，而披薩、墨西哥玉米餅、日本料理、酒吧、咖啡館和茶店也都在此各據一方。

介於Broadway Street、Sheffield Avenue、Willington Avenue至Irving Park Road這塊區域，是全美第一個官方公認的LGBT同志區Boystown，每年6月會舉辦Chicago Pride的慶典與遊行（2019年為第50屆）。

具有各式不同主題套房

Four Seasons Hotel Chicago

✉ 120 East Delaware Place at 900 North Michigan Avenue │ ☎ (312)280-8800 │ 🌐 www.fourseasons.com/chicago │ 💲 淡季約$285起 │ ➡ 位於North Michigan Avenue與East Delaware Place交叉口。紅線Chicago站。公車(143)、(144)、145～147、(148)、151 │ 🔊 免費 │ 🗺 P.14-B2

　　飯店就緊鄰於北密西根大道900號的Bloomingdale百貨公司,客房樓層從30～46樓,往南俯視曼麗芬大道,往北遠眺密西根湖。一般客房分為面湖或面市區兩種,套房則有視野和設備都最頂級的總統套房,還有湖景套房、作家套房等,從旅館網站都可見到詳細介紹。

▲(圖片提供© Four Seasons Hotel Chicago)

鄰近高級名店與餐廳

Sofitel Chicago Magnificent Mile

✉ 20 East Chestnut Street │ ☎ (312)324-4000 │ 🌐 sofitel.accorhotels.com │ 💲 淡季約$145起 │ ➡ 位於Chestnut Street與Wabash Street交叉口。紅線Chicago站。公車36、66 │ 🔊 免費 │ 🗺 P.14-B2

　　這是一家充滿格調與摩登氣息的歐洲連鎖飯店,建築物本身與室內裝潢都別具現代感。雅座酒吧(Le Bar)氣氛迷人,是許多名人的最愛。大廳圖書室則依據芝加哥特色提供許多建築相關書籍供顧客閱覽。

▲(圖片提供© Four Seasons Hotel Chicago)

▲(圖片提供© Four Seasons Hotel Chicago)

緊鄰紅線Grand站

Hilton Garden Inn Chicago Downtown / Magnificent Mile

✉ 10 East Grand Avenue | ☎ (312)595-0000 |
🌐 www.chicagodowntownnorth.gardeninn.com |
💲 淡季約$95起 | ➡ 紅線Grand站。公車29、
36、65 | 🔊 免費 | 🅼 P.14-B3

　　飯店就位於紅線Grand站出口，鄰近
Pizzeria Uno、Medinah Temple & Tree
Studios與Jazz Record Mart等。客房有提
供微波爐。

▲(圖片取自官網)

主攻年輕客群

The St. Clair Hotel

✉ 162 East Ontario Street | ☎ (978)328-1609 |
🌐 thestclairhotel.redroof.com | 💲 淡季約$120起
| ➡ Ontario Street，介於Michigan Avenue與St.
Clair Street中間 | 🔊 免費 | 🅼 P.14-B3

　　原為以提供平價住宿聞名的Red Roof
Inn，如今改名成St. Clair Hotel，於2018年
10月改裝重新營業，住房簡潔、年輕化，搭
配King size床鋪以及高速網路。

▲(圖片取自官網)

與古水塔為臨，距紅線Chicago站也近

Park Hyatt Chicago

✉ 800 North Michigan Avenue | ☎ (312)335-
1234 | 🌐 www.hyatt.com | 💲 淡季約$280起 | ➡
紅線Chicago站下車，沿著Chicago Avenue往東
走約3分鐘至Rush Street交界 | 🔊 免費 | 🅼
P.14-B2

　　Park Hyatt是凱悅飯店集團下最頂級的
飯店類別，而這間位於古水塔旁的Park
Hyatt Chicago也是集品味、奢華於一身，
客房浴室具有可拉式牆壁，讓客人可以邊
泡澡邊欣賞芝加哥夜景。餐廳NoMI提供
美酒與高級料理，挑高窗戶正對密西根大
道，景色非常優美。

▲(圖片提供© Park Hyatt Chicago)

▲(圖片提供© Park Hyatt Chicago)

AAA評鑑4鑽旅館

Embassy Suites Hotel Chicago Downtown-Lakefront

✉ 511 North Columbus Drive │ ☎ (312)836-5900 │ http www.chicagoembassy.com │ $ 淡季約\$130起 │ ➡ 位於Columbus Drive與Illinois Street交叉口，可於捷運Clark站下車轉乘公車124東行 │ 🔊 旅館的商務中心有提供網路服務 │ MAP P.14-C3

這家Embassy Suites是AAA評鑑4鑽旅館，地點鄰近Navy Pier與River East Art Center。每個房間都是一廳一房，睡床可選擇兩張雙人床或一張King Size大床，房間內並設有微波爐、小流理臺與冰箱；附送免費早餐(需預約)，相當適合全家或團體旅遊者。

▲(圖片取自官網)

舒服又不費的選擇

Kinzie Hotel

✉ 20 West Kinzie Street │ ☎ (312)395-9000 │ http www.kinziehotel.com │ $ 淡季約\$95起 │ ➡ 位於Kinzie Street與Wabash Street交叉口。紅線Grand站。公車29、36、62 │ 🔊 免費 │ MAP P.14-B3

位於Museum of Broadcast & Communication對面、鄰近Harry Caray's，要到芝加哥河岸也很近。裝潢簡潔現代，東南角落的套房擁有弧形大窗，舒適宜人；每層樓都設有餐點區，免費提供早餐和傍晚小點心。寵物可同行。

▲(圖片取自官網)

鬧區中難得一見的汽車旅館

Ohio House Motel

✉ 600 North LaSalle Street │ ☎ (312)943-6000 │ http www.ohiohousemotel.com │ $ 淡季約\$145起 │ ➡ 位於LaSalle Street與Ohio Street交叉口。紅線Grand站。公車65、156 │ 🔊 免費 │ MAP P.14-A3

如果必須開車，不妨考慮這家鄰近90高速公路交流道、芝城down town僅存1960年代汽車旅館。提供免費停車場。也設有小而美、價格實惠的Coffee Shop；官網訂房可享免費早餐。

地位不凡的經典旅館

The Drake Hotel-
Hilton Honors Hotel

✉ 140 East Walton Place | ☎ (312)787-2200 |
🔗 www.thedrakehotel.com | 💲 淡季約$133起 |
➡ 位於North Michigan Avenue與East Walton
Place東北交叉口。紅線Chicago站。公車(143)、
(144)、145～147、(148)、151 | ◀ 免費 | 🗺
P.14-B2

　　只要提起誰曾下榻The Drake，就無需
贅述它的豪華尊貴。包括蔣宋美齡女士、
伊麗莎白女王、查爾斯王儲與黛安娜王
妃、柯林頓與希拉蕊等各國領袖、王室與
政商名流都是座上嘉賓。這間1920年開幕
的老旅館也曾經出現在《新娘不是我》等
電影裡。

▲(圖片提供© The Drake Hotel)

▲(圖片提供© The Drake Hotel)

地點與景觀都是上選

Trump International
Hotel & Tower Chicago

✉ 401 North Wabash Avenue | ☎ (312)588-8000
| 🔗 www.trumphotels.com/chicago | 💲 淡季約
$235起 | ➡ 捷運Lake／State站，穿越Wabash
Avenue Bridge即可到飯店。公車29、36、62 |
◀ 免費 | 🗺 P.14-B3

　　由川普集團所經營的高級飯店，建築物
外觀不同的層次是以鄰近的瑞格里與IBM
等大樓的高度為設計概念。分為客房、套
房，和寬敞挑高、享絕佳視野的招牌套房。

▲旅館餐廳的窗外景致絕佳，讓顧客享用美食的當
下，也能就近欣賞附近的知名建築物

157

氣質穩重的喜來登飯店
Sheraton Grand Chicago

✉ 301 East North Water Street | ☎ (312)464-1000 | http www.marriott.com，搜尋Chicago Loop | 💲 淡季約$130起 | ➡ 位於Columbus Drive與North Water Street交叉口。可於捷運Clark站下車轉乘公車124東行 | 🔊 需付費 | MAP P.14-C3

　　飯店緊鄰芝加哥河岸，坐看美麗的河景風光，無論是步行至密西根大道、湖邊或千禧公園都很方便。

▲(圖片提供© Sheraton Grand Chicago)

出差、商旅者的好選擇
Holiday Inn Chicago Mart Plaza

✉ 350 West Mart Center Drive | ☎ (312)836-5000 | http www.martplaza.com | 💲 淡季約$89起 | ➡ 位於Merchandise Mart西邊。可於棕／紫線Merchandise Mart站下車沿著2樓通道西行前往 | 🔊 免費 | MAP P.14-A3

　　飯店坐落於Wolf Point，俯瞰芝加哥河三叉處與威克大道的美景，是前往商品市場或路普金融區出差洽公的好選擇。客房重新整修，設有49吋TV。

頗受旅客喜愛的假日酒店
Hotel Cass Holiday Inn Express

✉ 640 North Wabash Avenue | ☎ (312)787-4030 | http www.casshotel.com | 💲 淡季約$77起 | ➡ 位於Wabash Avenue、Ontario Street與Erie Street之間。紅線Grand站，或藍線Washington站下車後搭乘公車22、36北行 | 🔊 免費 | MAP P.14-B3

　　Hotel Cass房間小巧雅致。所在地鄰近Pizzeria Duo、Medinah Temple & Tree Studios與The Richard H. Driehaus Museum。兒童可享免費早餐。

豪華新旅店
Loews Chicago Hotel

✉455 North Park Drive │ ☎ (312)840-6600 │ http
www.loewshotels.com/chicago-downtown │ $
淡季約$120起 │ ➡位於Columbus Drive與North
Water Street交叉口。可於捷運Clark站下車轉搭
公車124東行 │))免費 │ MAP P.14-C3

Loews Hotel Tower是54層樓的住、商、
旅館混合型大樓，客房新穎時尚，適合
想入住豪華
旅館的旅
人。距Apple
Store、河東
藝術中心和
Navy Pier
很近。

推薦給需要高速網路的你
ACME Hotel

✉15 East Ohio Street │ ☎ (312)894-0800 │ http
www.acmehotelcompany.com │ $ 淡季約$75起
│ ➡紅線Grand站。公車29、36、65、(125) │
))免費 │ MAP P.14-B3

以年輕客群為訴求、標榜提供高速網路
與住得像在自己房間一樣，一樓餐廳提供
Dark Matter Coffee，旁邊是Pizzeria Uno。
官網訂房提供折扣優惠。

芝加哥的古典飯店典範
InterContinental Chicago

✉505 North Michigan Avenue │ ☎ (312)944-
4100 │ http www.icchicagohotel.com │ $ 淡季約
$199起 │ ➡North Michigan Avenue上，位於
Tribune Tower北邊。紅線Grand站下車往東行 │
))免費 │ MAP P.14-B3

InterContinental與The Drake、The
Palmer House Hilton以及Hotel Burnham
並列芝加哥四大古典飯店，內部有著濃濃
的中古與文藝復興時期風格，令人感覺宛
若置身歐洲古堡；11樓希臘泳池以其裝潢
與位居高樓的設計被視為當時(1929年)的
經典之作。

▲(圖片提供© InterContinental Chicago)

南路普區與近南區
South Loop & Near South Side

南路普區是早期芝加哥的主要住宅區，中下階級的新移民大多集中在鐵路附近，
有錢人則在靠近湖邊的草原大道(Prairie Avenue)興建豪宅。South Dearborn Street
街底一帶是著名的印刷大道(Printer's Row)，這裡曾經是全美僅次於紐約的印刷重鎮，
也是郵購目錄發源地，但因無法應付廠商擴大廠房的需求，在二戰後逐漸落沒，
部分大樓在1970年後轉形為挑高式的公寓。南路普區曾一度淪為低收入戶的區域，
近年來在市政府的整頓下又漸漸發展起來，而西南邊的唐人街(China Town)
與伊利諾理工學院(Illinois Institute of Technology)一帶也逐漸在改變中。

熱門景點

博物館園區
Museum Campus

讓你上知天文，下知地理

➡ 捷運Roosevelt站下車，轉乘公車146。公車130於夏季(陣亡將士紀念日週末起到勞動節期間)往返Ogilvie / Union Station與園區間。亦可從格蘭特公園南端經由步道穿越Columbus Drive到博物館園區

博物館園區由芝加哥3大機構：菲爾德博物館、雪德水族館與艾德勒天文館所組成，為兩大百貨業Marshall Field's與Sears的老闆們送給市民的文化資產。園區位於格蘭特公園東南方、緊鄰密西根湖，無論搭乘大眾運輸工具，或沿著湖邊堤岸步行至此都很方便。

博物館園區1
雪德水族館
Shedd Aquarium

✉ 1200 South Lake Shore Drive｜📞 (312)939-2438｜http www.sheddaquarium.org｜🕐 10/1~6月週一~五09:00~17:00，週末與其他時間為每日09:00~18:00，最後入場時間為閉館前45分。另有少數提早閉館日，可至官網Hours查詢｜休 聖誕節｜💲 成人$39.95，3~11歲$29.95(市民半價)，4-D體驗票另計。學生與65歲以上出示證件可享$3折扣。適用Chicago CityPASS｜ℹ 1.伊利諾州民於特定日可享一般入場券免費，請上網查詢Plan a Vist→Ticket Price；2.夏日週三晚爵士音樂會Jazzin' at the Shedd也有州民免費日｜🏛 國家級古蹟｜MAP P.16-C1

雪德水族館開幕於1929年，是全世界最古老的水族館之一，也是第一個同時展出淡水與鹹水生物的內陸水族館。館內除了有豐富的水生物種外，還有加勒比海珊瑚區、亞馬遜雨林區、北太平洋岩岸區、五大湖生態區、海洋館(Abbott Oceanarium，可見到白鯨、海獅等)，還有給小朋友體驗

▲水族內外都有展示，下圖為用海洋漂流垃圾做的大章魚

的Polar Play Zone等，是個怎麼逛都不會無聊的地方。

亦有推出成人活動，如可以一邊聽爵士樂、一邊吹湖風賞景的夏日Jazzin' at the Shedd(需付費)；Kayak for Conservation獨木舟保育活動(免費)則是可以與保育員一起認識芝加哥河北段運河區的野生生物，並親自動手清除垃圾或入侵物種等。

◀水族館的大廳時鐘，各小時都是一種水生動物

▼黃鱸(Yellow Perch)是北美常見的淡水魚

旅行小抄

購票須知

到博物館購票有可能會遇到大排長龍，尤其是週五～日，建議最好提早在開館前抵達排隊(抓20分鐘比較保險)，但如果遇到低溫的日子，得要有吹冷風的認知(尤其湖邊會更冷)，帽子等保暖衣物要先準備好。揪團15人以上，就可享團體優惠，請儘早於網路訂票或致電預約。

博物館園區2
菲爾德博物館
The Field Museum

✉ 1400 South Lake Shore Drive │ ☎ (312) 922-9410 │ http www.fieldmuseum.org │ ◷ 每日 09:00～17:00，最後入場時間為16:00 │ 休 聖誕節 │ 💲 一般入場券成人$24，3～11歲$17，65歲以上與學生$21，3歲以下免費。特展與3-D電影另計。芝加哥市民可享$5優惠(需出示證件)。適用Chicago CityPASS和Go Chicago Card │ ℹ 1.優惠參觀日：伊利諾州民於特定日可享一般入場券免費，請上網查詢TICKETS；2.提供免費導覽，包含Public Tour、Discovery Squad、DNA Lab等，時間與集合地點請上網查詢Daily Events │ MAP P.16-B1

菲爾德博物館的展出品以自然歷史文物為主，涵蓋動物學、植物學、地理學與人類學等4大領域。在全美同性質博物館中，只有紐約的自然歷史博物館與華盛頓首府的Smithsonian能與其媲美。最

受歡迎的館藏，莫過於史上最巨大、也最完整的暴龍化石Sue，它於1990年在

南達柯達州出土，發現者為考古學家Sue Hendrickson。另外，還有許多精采的固定展覽與特展。

▲暴龍Sue是菲爾德博物館的重要館藏

旅行小抄

博物館園區周邊散步路線

在這一區，除了參觀博物館外，也不要錯過了湖邊的自然風光。尤其是晴天沿著湖岸步道吹風、曬太陽、看藍藍的湖水，會有番自在的愜意。**路線如下：從水族館北邊或南邊步道開始→天文館→繞至天文館東邊(這裡有座可愛的Doane觀測館)→穿過南邊草坪走到12街小沙灘→至天文館正門折返**。你可選擇走路(至少1小時)或騎腳踏車。嘴饞的話，12街沙灘有售Taco，水族館前也有熱狗店，其中Kim & Carlo's的風評不錯。

1.12街小沙灘，左邊小屋是食物販售處／**2.**天文館與水族館之間的湖岸，視野遼闊，令人心曠神怡

博物館園區3
艾德勒天文館
Adler Planetarium

✉ 1300 South Lake Shore Drive | ☎ (312)922-7827 | http www.adlerplanetarium.org | ◎ 每日09:30～16:00，6月初～8月中延長至18:00，另有Special Hour，請上網查詢HOURS | 休 感恩節、聖誕節 | $ 一般入場券成人$12，3～11歲$8，65歲以上與學生$10(需出示證件)。天文劇場、艾伍德天體儀等門票另計。適用Chicago CityPASS | ℹ 伊利諾州民於特定日可享一般入場免費，請上網查詢Special Offers | 🏛 國家級古蹟 | MAP P.16-C1

成立於1930年的艾德勒天文館是美洲第一個天文館，12角形的建築物內，展出包括銀河、9大行星、登月計畫史料(包括參與過阿波羅8號和13號計畫的芝加哥太空人James Lovell的故事)等。也有珍貴的古老蔡司星相儀以及艾伍德天體儀(Atwood Sphere，完成於1913年，是芝城最早的天象儀)。館內有兩座圓頂劇場，分別是Grainger Sky Theater 與

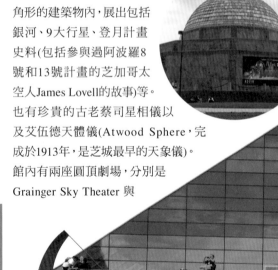

Definiti Space Theater，還有一座3D劇場Johnson Star Theater，可於網站的Shows查詢演出內容與時間。館外Doane觀測館，內有大型反射式天文望遠鏡(採典型卡塞格林式對焦)，平日10:00～13:00開放(若天氣不佳則會關閉)，觀測館的外觀設計會讓人聯想起電影MIB，就算沒開放，也不妨繞過去瞧瞧。

艾德勒天文館外的堤岸是觀看芝加哥市貌與拍攝夜景的最佳場所，許多市民也喜歡來這裡野餐、運動或釣魚。

▲蓋在密西根湖邊的天文館，遠離光害，適合觀星，也適合眺望芝城天際線

South Loop & Near South Side

人物介紹

天文迷——Mr. Andrew Nine, Fred Johnson & Bill Davids

不經意再次碰到過去偶遇的人，總會讓人驚喜。這次來到天文館北側看台，3位志工一字排開，一人一台望遠鏡準備向民眾解說太陽黑子與天文知識，其中一人正是多年前接受我訪問的Mr. Johnson。他的同伴Mr. Nine自天文系畢業，在自然與科學博物館擔任正職員工，放假日就到天文館擔任志工，非常健談(志工們都很喜歡跟民眾交流，所以別害羞，有問題都可以問！)

Mr. Nine用餐最愛：Milano's Pizza & Specialities，位於芝城西南方Morgan Park，這家老店在yelp也被熱情評比為當地披薩店No.1

✉ 10945 South Western Avenue (需開車前往)

📞 (773)445-401

望遠鏡觀星時間：
週一、四10:30～12:30

天文館有許多熱心的解說員可以幫忙解惑

當代攝影美術館
Museum of Contemporary Photography

透過攝影師之眼發現世界

✉600 South Michigan Avenue | 📞 (312)663-5554 | http www.mocp.org | 🕐 週一～六10:00～17:00 (週四延長至20:00)，週日12:00 ～17:00 | 休主要節日與哥倫布學院休假日，展前布置也會休館，參觀前請上網查詢 | 💲 免費 | ➡ 紅線Harrison站。公車(1)、(2)、3、4、6、7、126、147等 | MAP P.12-B3、P.16-B1

簡稱MoCP的當代攝影美術館位於芝加哥哥倫比亞學院(Columbia College Chicago)1樓，是由該校於1984年出資成立。主旨在藉由展出蘊含當代美學與技巧的攝影作品，來帶動人們對於藝術性、文化性、甚至是政治涵義影像的了解與重視。事實上在這裡最棒的體驗是可以透過攝影師的雙眼與手法來重新認識我們的世界；幸運的話，或許還可以找到與自己心靈相通的作品。

史柏塔斯學院
Spertus Institute
隱隱閃耀光芒的美麗建築

✉ 610 South Michigan Avenue | 📞 (312)322-1700 | http www.spertus.edu | 🕐 對外開放：週一～三09:00～17:00，週四至18:00，週五至15:00，週日10:00～17:00。圖書館：週一10:00～18:00，週三至16:00，週日12:00～16:00 | 休 週六、國定假日與猶太節日 | ➡ 紅線Harrison站。公車(1)、(2)、3、4、6、7、126、147等 | MAP P.12-B3、P.16-B1

如果將史柏塔斯大樓比喻成出水芙蓉，那意思就是，它像美女一般令我怦然心動，過眼難忘。

芝加哥天際線的新成員一直在增加，但少有能像這棟於2007年11月底落成的猶太研究機構大樓一樣，傳達出暖暖內含光的意境。之所以會如此形容，不僅是說明建築事務所Krueck and Sexton成功地將史柏塔斯的Yehi火炬精神：「要成為一盞明燈，也要點燃傳承的學習之火。」傳達

出來，也是讚賞它既能含蓄展現特色又能和諧融入周邊歷史建築群中，可說是同時期建築作品中的佼佼者。

首先最引人注目的是由556種不同形狀、總共726片玻璃嵌入鋁製骨架所組成的立面。這些帶有點狀熔塊的玻璃能控溫並防止鳥兒誤撞。由外部觀看，代表史柏塔斯以開放的態度歡迎大眾來參與和瞭解；由內部觀看，會發現它毫不吝嗇地把美麗的湖邊風景與大眾分享。隨著日光運行與燈光明滅，玻璃又讓大樓呈現反射天空與變換色彩的效果，宛如一顆隨時都閃閃發光的寶石。

進入後先在守衛處登記並領取簡介，可從緊鄰的展覽廳開始參觀。大廳是3層樓挑高空間，禮品部玻璃牆與上方的白色不規則牆面也與外牆玻璃相呼應。2樓東側可以欣賞街道和公園景色，Media Center裡播放芝城猶太人生活歷史影片；7樓展出館藏木刻印刷品，8樓是擁有10萬多冊藏書、影片與音樂的Asher Library。學院

❺

提供研究所層級的猶太學習課程，與非營利管理課程，有興趣可上網查詢。

1、2.當太陽升起，史柏塔斯博物館立面的上百片玻璃也隨之發亮。左邊建築物為博物館舊址，右邊為哥倫比亞學院／**3.**大樓內部也呈現出簡潔利落的氣質／**4.**位於8樓的Asher Library／**5.**從2樓俯瞰大廳，右側是博物館商店

旅行小抄

AIA伊利諾州200選(AIA Illinois's 200 Great Places)

2018年是伊利諾州建立200週年。為此，美國建築師協會伊利諾州委員會(AIA Illinois)針對州內對大眾開放的建築與公共場域進行評選，挑選出最優質的200處場所。史柏塔斯學院也以兼具創意與永續環保設計名列其中，是對建築團隊的一大肯定。

如果想要讓旅途延伸到伊利諾州其他城鎮，這份名單是個不錯的指南。

http www.illinoisgreatplaces.com/#welcome

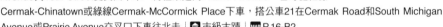

草原大道歷史特區
Prairie Avenue Historical District
見證早期私人宅邸的風華

✉ South Prairie Avenue，介於區塊1800～1900間；South Indiana Street區塊1800；211-217 East Cullerton Street | ➡ 公車(1)、3、4於South Michigan Avenue與18th Street交叉口下車，再往東走向Prairie Avenue。也可從紅線Cermak-Chinatown或綠線Cermak-McCormick Place下車，搭公車21在Cermak Road和South Michigan Avenue或Prairie Avenue交叉口下車往北走 | 🏛 市級古蹟 | MAP P.16-B2

　　草原大道歷史特區保存了1836～1900年間歐洲移民與芝加哥富商在此定居的足跡。尤其自1860年代市中心的商業活動漸趨頻繁與1871年的大火後，有錢人紛紛往南尋找新樂園，於是緊鄰湖邊、擁有一大片如茵草地的草原大道成了熱門之選，繁華至極，為當時全美著名街區之一。東邊鐵道的啟用與非法賣淫的入侵是促使草原大道沒落的主因。許多建築物(如Marshall Field的豪宅)不是慘遭拆除就是被棄之不顧，所幸1960年開始有民間團體與建築師致力於建物保存，才有今日草原大道歷史特區的存在。

草原大道歷史特區1

克拉克之家博物館
Clarke House Museum

✉ 1827 South Indiana Avenue | ☎ (312)326-1480 | http www.clarkehousemuseum.org | ⓒ 免費導覽：週三、五、六13:00、14:30兩梯次，每次1小時，其餘時間不開放參觀。10人以上團體(成員須13歲以上)可事先預約 | 💲 免費 | ℹ 導覽每梯次限15人，先到先受理，建議提早抵達登記 | 🏛 市級與國家級古蹟 | MAP P.16-B2

　　建成於1836年的克拉克之家是芝城現存最古老的房子之一。建築風格為希臘復興式，正門的列柱與三段式的窗戶為此建築風格的特色。屋主是來自紐約州北部的Henry Clarke一家人，由內部裝潢與用品可看出他們雖非富豪，但也過著相當有品味的生活。克拉克之家令人津津樂道的事蹟是它曾歷經兩次大搬移，第一次是由原址密西根大道與18街口，南移至印第安

▲受到妥善照料的克拉克之家花園，裡面有著美麗的花草樹木

那街與45街口(發生在芝加哥大火後)，又於1977年因應歷史特區的成立遷徙至此。

克拉克之家後院是一片名為Chicago Women's Park & Garden的廣大花園，在柯林頓總統主政時期，花園一度計畫以第一夫人希拉蕊命名，但最後因柯林頓家庭離開白宮而終止。花園西邊有幾處種植藥草的花圃，這是根據克拉克夫人精通草本醫療的記載所打造。

▲克拉克之家小巧可愛，內部布置也很溫馨

草原大道歷史特區2
格列斯勒之家博物館
Glessner House Museum

✉ 1800 South Prairie Avenue | ☎ (312)326-1480 | http www.glessnerhouse.org | ◷ 室內導覽：週三～日11:30、13:00、14:30三梯次，每次75分鐘。另有2小時的建築之旅和其他活動，時間請上網查詢Visit | 休 元旦、復活節、國慶日、感恩節、聖誕夜與聖誕節 | $ 室內導覽：成人$15，60歲以上長者與學生$12，5～12歲$8，週三免費(但團體預約參觀仍需付費)。其他活動費用請見網站 | ℹ 同克拉克之家博物館 | 🏛 市級與國家級古蹟 | MAP P.16-B2

格列斯勒之家的重要地位在於它是仿羅馬復興風格(Romanesque Revival Style)創造者理查森(Henry Hobson Richardson)在芝城僅存的作品，也是這位波士頓建築師所有作品中唯一對外開放的。此外，由於格列斯勒之家是草原大道古蹟保存的開始，對致力於古蹟保存的民間人士來說更是別具意義。

理查森認為簡單、直接、堅固與兼具品味的建築物最具美感。在他主導下，厚重石牆、拱形門楣，與深嵌壁式的窗戶成為仿羅馬復興風格的設計重點，這種做法也影響了蘇利文、萊特、柯布(Henry Ives Cobb)等人。

這棟於1887年完工的大石屋完全符合屋主格列斯勒對於耐寒、抗風的要求，坐落在屋子西南角的花園也提供這家人一處隱密且較溫暖的戶外空間。格列斯勒為一名農機具製造商，與夫人都相當熱心於教育與藝文活動，是協助成立芝加哥交響樂團的人士之一。1913年他們請了芝加哥交響樂團到家中演奏，女兒法蘭西絲依照當時的樂團成員做了一組百人模型，如今這組模型還置放在2樓房間裡。格列斯勒之家擁有許多由史考特(Isaac Scott)所設計製作的珍貴家具與藝術品，與克拉克之家都是錯過可惜的景點。

▲格列斯勒之家是棟堅固的石屋

唐人街
Chinatown
尋找家鄉味的地方

✉ South Wentworth Avenue與
West 22nd (Cermak) Street交界｜
➡ 紅線Cermak－Chinatown站下車｜
🗺 P.16-A2

已有百年歷史的芝城唐人街可分為「舊城」與「新城」。舊城指的是先開發的永活街(Wentworth Avenue，亦稱孫中山紀念道)與22街交叉口「天下為公」牌坊一帶。新城又稱「華埠廣場」，位於舊城北邊，緊鄰永活街與Archer Avenue，內有超市、美髮店、燒臘店、糕點店，以及祖瑓餐廳和米其林「必比登推介」的名軒粵式餐廳(MingHin Cuisine)等。

永活街往北到19街左轉直走越過鐵路，可以來到芝加哥河岸邊的譚繼平紀念公園(Ping Tom Memorial Park，譚繼平為傑出美籍華裔商人)，北邊有座火車通行鐵橋St. Charles Air Line Bridge，在公園也能搭乘芝加哥水上計程車(Chicago Water Taxi)進入路普區(詳情請見「旅遊黃頁簿」)。

華人據點永活街

培德中心
有著藍瓦紅底飛簷與米黃色外牆的培德中心，位於「天下為公」牌坊旁，是市級古蹟，建於1927年。設計者是兩位祖籍來自挪威的建築師米克森(Michaelsen)與朗斯特(Rognstad)。

唐人街圖書館
由SOM與Wight and Company聯手打造的社區新亮點，從地鐵月台就能看到。朝南的大門、圓潤的三角外型設計是以華人對風水的講究為出發，建材與冷暖系統等設計也符合永續環保高標準。2樓有中文出版品區。

華埠廣場

勝德力華人天主教堂
培德中心旁的Alexander Street有一座勝德力華人天主教堂(St. Therese Catholic Church)，據說教堂西側祭壇上的十字架是義大利黑幫老大卡彭(Al Capone)的母親所委託設立。

登過大螢幕的消防局
「天下為公」牌坊西北角的紅磚建築(建成於1936年)，是曾出現在電影《浴火赤子情》(Backdraft)的消防局，此處從1861年就是8號救火隊(Engine Company 8)待命的地點，他們在1871年大火時也參與救援，而現在的消防車上也寫著象徵好運的中文「八」。

旅行小抄

運河街鐵橋(Canal Street Railroad Bridge)

從華埠廣場往西，遇Canal Street轉北，往東可見另一座供火車通行的鐵橋Canal Street Railroad Bridge。這橋開啟讓船隻通過的方式是整個橋段平行往上移(vertical-lift)，為芝加哥河上唯一採用這種設計的橋，上面有間小屋，畫面相當特殊。落成於1914年。 MAP P.16-A2

新唐人街

由於它位於上城區(Uptown)的Argyle Street上，所以多以「Argyle」(阿改)來稱呼。不同於南邊華人以廣東和香港移民居多，阿改的華人主要來自越南、柬埔寨等東南亞國家，所以這裡自然也以越南菜出名。緊鄰車站出口東側(左手邊)有家Pho Loan餐廳，環境清爽，麵食也頗好吃。西側有超群餅家，是賣菠蘿包和港點的老舖。

➡ 紅線Argyle站

Pho Loan越式餐廳▶

軍人球場
Soldier Field

美式足球芝加哥熊隊主場

✉ 1410 South Museum Campus Drive | 🄲 (312)235-7000 | http www.soldierfield.net | ➡ 捷運Roosevelt站，轉乘公車146。公車130於夏季(陣亡將士紀念日週末起到勞動節期間)往返Ogilvie / Union Station與園區間。亦可從格蘭特公園南端經由步道穿越Columbus Drive到博物館園區 | 🄸 網站定期更新導覽日期，請事先上網查詢TOURS，並從網路登記。Classic Public Tour約60～75分鐘，費用：成人$15，2～5歲$5，6～18與60歲以上$10，於南側Gate 1集合，請提早15分抵達。10人以上團體可另外預約 | MAP P.16-C1

柏翰(Daniel Burnham)於1909年在《Plan of Chicago》規畫了一塊位於密西根湖邊的運動場，10年後侯拉柏與羅許(Holabird & Roche)取得運動場的設計權，為了紀念參與一次世界大戰的芝城子弟兵，而將這裡取名為軍人球場。

占地7公頃的球場用途多變，曾為田徑場、拳擊賽舞台等，1971年之後成為美式足球芝加哥熊隊主場，1994年曾經舉辦世界盃足球賽開幕式與比賽，目前也在非球季舉辦英式橄欖球賽和演唱會等其他活動。

2002年波士頓建築事務所Wood＋Zapata在最初的古典式外觀裡增建了現代式玻璃幃幕新球場。耗資近700億美元、設備先進(但沒有開關式天棚)、比原球場多出7,000個座位，可惜當時多數市民認為這樣的改變把舊球場的美破壞了，甚至褻瀆了所紀念的軍魂。

芝加哥熊隊成立於1920年，曾於1985年以46比10大勝新英格蘭愛國者隊，拿下隊史第9座NFL冠軍；2006年也搶到Super Bowl超級盃門票，可惜敗給印城小馬隊。

芝加哥白襪隊球場
Guaranteed Rate Field

南方人的棒球聖地

✉ 333 West 35th Street | ☎ (312)674-1000 | http www.mlb.com/whitesox | ➡ 紅線Sox—35th站，南邊出口出站後右轉 | MAP P.16-A3

從前的白襪隊主場名為科米斯基球場(Comiskey Park)，由球團第一任老闆Charles A. Comiskey出資興建。1910年落成時，以美麗的拱道、先進的水泥與鋼鐵骨架結構等設計，被稱讚為「世界棒球天堂」。1933年成為第一屆職棒明星賽的舉辦場地。1991年球場拆除(為當時職棒大聯盟最古老的球場)，新球場於舊址南邊落成啟用，沿用原名直到2003年由美國行動通訊公司(U.S. Cellular Company)取得球場名稱，也因此多了一個暱稱「The Cell」，2016球季結束後贊助商異動，球場名稱改為Guaranteed Rate Field。

白襪隊贏得世界大賽冠軍的年分是1906、1917與2005。其中2005年是在總教練吉恩(Ozzie Guillén，1985～1997年曾為該隊游擊手)帶領下奪冠，令全城歡欣鼓舞，吉恩也成為首位戴上冠軍戒指的拉丁籍總教練。

1.白襪隊球場西北角入口／2.白襪隊於1894年成軍，1900～1910年球場名稱為South Side Park，素有「南方人」(the South Siders)的稱號(圖片提供© Simon Leung)／3.當日先發球員名單／4.球場周邊的購物與飲食場所較少，反而有一股單純的氛圍

旅行小抄

第一球迷是誰？

猜猜誰是白襪隊的First Fan？沒錯，就是前美國總統歐巴馬。2005年美國聯盟冠軍賽第二戰，白襪隊在主場迎戰洛杉磯天使隊，當時就是由身為參議員的歐巴馬穿上5號球衣擔任開球來賓。

伊利諾理工學院
Illinois Institute of Technology
以現代派建築聞名於世的大學

✉ South State Street，介於31st Street與35th Street間 | ☎ (312)567-3000 | http www.iit.edu | ➡ 綠線35th／Bronzville—IIT，紅線Sox—35th。建議使用這兩個車站的北邊出口出入(較接近校園也比較安全) | ℹ 芝加哥建築基金會和Mies Society有提供IIT校園導覽，詳情請上網查詢 | MAP P.16-B3

　　當遠離市區朝南疾馳的綠線捷運進入銀色隧道，請準備下車，伊利諾理工學院到了。踏上月台，請別急著尋找出口；月台是讓你從高處俯瞰這間以現代派建築聲名大噪的學校的最後機會，假如你不認識任何住在高樓宿舍裡的學生的話。

　　IIT由十九世紀末創立的技職院校Armor Institute of Technology(AIT)與Lewis Institute於1940年合併而來，合併後的校址就在原AIT的土地上，位於33街、靠近校園最西側的兩棟磚紅色仿羅馬復興式石屋是

AIT校舍最初的模樣。

　　讓IIT校園聞名於世的正是現代派建築大師密斯(Ludwig Mies van der Rohe)。對於逃離二次世界大戰歐洲戰火的密斯來說，IIT不但提供了他一個教學環境(受聘為建築系系主任)，同時也有一大片空地讓他大展身手。IIT校園裡總共有22棟密斯設計的校舍，就算外觀不盡相同，但本質還是一樣：大片玻璃配上磚瓦、外露鋼骨、或是水泥，而形狀都是簡單利落的矩形。

　　除培育建築人才之外，IIT在商學、法律、科學領域也相當有名，日本DMG森精機將把其北美總部移至校園附近，可望帶動一波產學合作。

▲伊利諾理工學院校園坐落在South State Street兩旁，校舍以鋼骨矩形平房居多

校園5大著名建築物

1.建築學院系館 (S. R. Crown Hall)

校園中最受推崇的建築物之一，為市級與國家級古蹟；完工於1956年，是密斯在IIT的最後作品。外觀120呎×220呎×18呎，4個南北向的ㄇ形焊接鋼鐵支撐屋頂鋼架，再用豎鋼和玻璃做出立面。最上層和大門使用透明玻璃，允許光線直入並帶來穿透感，中下層使用毛玻璃提供隱密性。南邊階梯以5小層上一平臺再5小層引導進入正門，階梯除了有實質功能，也讓建築物有了懸浮感。系館內部為一個沒有隔閡也沒有樑柱的空間，用途廣泛，可以做為教室、工作室或演講廳，重要的是它讓從事設計的學生們能開放地互相觀摩討論。

2.學生活動中心 (The McCormic Tribune Campus Center)

普立茲克建築獎得主庫哈斯(Rem Koolhass)的作品，於2003年落成。由於列車經過會帶來噪音，所以設計出底部為水泥、外層為不鏽鋼波紋板的橢圓形隧道來因應。經測試，當列車通過時，戶外噪音為120分貝，但室內則可降至70分貝。

屋頂因隧道而呈略V型的不整齊線條，內部則是斜線交錯的動線，再混搭年輕的橘、綠、白等色彩，以及各種極富創意的小圖形與大拼圖，讓整棟建築充滿活潑摩登的氣息。附設便利商店、餐廳和郵局，訪客也能在此休息。

宿舍村與活動中心帶來提升校園品質與改善社區環境的正面效果，同時也拉近學校與學生的距離，是相當成功的校園改造案例。

South Loop & Near South Side

174

3.研究生宿舍 (Residence Towers)

為校園內少數高樓建築，建成年代為1950～1955年。南棟為Carman Hall，北棟為Bailey Hall，東側南北兩棟分別為Gunsaulus Hall與Cunningham Hall，除了最早完工的Gunsaulus Hall是由SOM建築事務所設計外，其餘3棟都是出自密斯之手。可供區分的特點是密斯以大面積玻璃為立面基礎，無論是1樓大廳或是房間都能得到充足的採光。然而由於窗戶開關方向設計不良，導致無法讓空氣大量進入室內，所以夏天反而會讓住戶感到悶熱。

IIT校友楊(Helmut Jahn)的作品，2003年落成，以正門前面的馬路State Street為名。鋼筋水泥為基礎建材，條狀不鏽鋼板自屋頂披覆到正面，玻璃大量布滿表面，緊鄰捷運鐵軌的背側則以玻璃和聚碳酸酯板降低噪音。每兩棟宿舍中間有一個綠化中庭，搭配天井，讓光與綠可以進到房間裡。屋頂放有戶外桌椅，是村民曬太陽、看夜景的好去處。

4.宿舍村 (State Street Village Dormitories)

5.禮拜堂 (Robert F. Carr Memorial Chapel)

這棟位於草坪上的簡單立方建築是密斯為宗教創作的唯一作品。建成於1952年，方位坐西朝東。東西兩立面分別使用透明玻璃與毛玻璃作為正門與後門的區分，南北兩面土黃磚牆負責撐起鋼鐵屋頂。禮拜堂不常開放，通常只能欣賞外觀。

175

第爾本街車站
Dearborn Street Station
芝城市中心僅存的舊鐵路車站

✉ 47 West Polk Street | ➡ 紅線Harrison站，從南邊出口出站，沿Polk Street往前走1分鐘 | 🏛 市級古蹟 | 🗺 P.16-B1

▲第爾本街車站的主要建材是土紅色磚塊，在晴空下更顯亮眼

　　第爾本街車站坐落於第爾本街底，有著顯著的凸字形土紅色仿羅馬復興式外觀。建成於1885年，設計者是紐約建築師伊利茲(Cyrus L. W. Eidlitz)。身為芝城市中心僅存的舊鐵路車站，其珍貴之處在於它見證了印刷大道一帶運輸與商業興衰的歷史。此外，它也曾於1922年經歷祝融，但所幸被修復而保存下來。1971年車站正式停運，荒廢數載直到1986年才轉型成商辦空間。

旅行小抄

第爾本街車站順遊景點——印刷大道(Printer's Row)

印刷大道因臨近商店街與金融區的地利之便於1883～1912年興起，印製項目包括商品目錄、地圖、火車時刻表、運輸時刻表、童書與宗教書籍等，需要排字、蝕刻、地圖繪製、裝訂等人員分工。如今介於區塊500～800間的South Dearborn、Federal、Plymouth Street是市級古蹟區。第爾本車站左前方是建造於1916年的法蘭克林大樓(The Franklin Building)，一直到1983年都是法蘭克林印刷公司所有，

其大樓外有一片名為《首印》(The First Impression)的多彩陶瓦磚畫，描述十五世紀古騰堡(Gutenberg)印刷的場景，門楣上寫著「傑出的技藝在於完整實現其用途」(The Excellence of Every Art Must Consist in the Complete Accomplishment of Its Purpose)。隔壁是開幕

於1982年的自營書局Sandmeyer's Bookstore，書籍分類清楚，也可以找到旅遊書和特別的明信片，來自窗外的陽光、木條地板與紅磚牆也為店內增添自然寫意的氣息，營業時間週一～三、五11:00～18:30，週四延長至20:00，週六11:00～17:00，週日11:00～16:00。

▲法蘭克林大樓別致的門面。自營書店Sandmeyer's就在其隔壁

購物娛樂

爵士樂迷席格的終身職志

芝加哥爵士秀場
Jazz Showcase-Chicago

📧 806 South Plymouth Ct. │ 📞 (312)360-0234 │ 🌐 www.jazzshowcase.com │ 🕐 表演時間週一～六20:00、22:00，週日16:00、20:00、22:00。請參考網站Calender & Tickets │ 💲 價位依表演不一，約\$20起 │ ➡ 紅線Harrison站。公車6、22、24、29、62、146。位於South Plymouth Court與Polk Street 交界，第爾本車站大樓東側 │ ℹ 1.21歲以下須有成人陪同才能入場；2.室內禁菸；3.可於網站訂票(需付手續費)，至票口取票或購票時，需攜帶有照片的有效證件與付費之信用卡 │ 🗺 P.16-B1

這間秀場是由熱愛爵士樂的席格(Joe Segal)於1947年創立，是芝加哥爵士樂重要的一章，2006年底曾因舊場地租約到期而面臨暫停的窘境，但所幸最後在第爾本街車站內落腳，也讓樂手和樂迷有一個更寬廣的秀場空間。

葛萊美獎藍調名人創立

巴弟蓋傳奇藍調俱樂部
Buddy Guy's Legends

📧 700 South Wabash Avenue │ 📞 (312)427-1190 │ 🌐 www.buddyguy.com │ 🕐 週一～二17:00起(僅供晚餐)，週三～五11:00起(供午、晚餐)，週六～日12:00起(供午、晚餐)。供餐時段1小時後常有免費表演，請至網站Calender點上方藍字Free Acoustic Show查詢。付費演出最早約20:30起 │ 💲 付費演出週日～四約\$10，週五、六約\$20。特別表演的入場費會做調整。主餐價位約\$9起 │ ➡ 紅線Harrison站。公車(2)、6、(10)、29、62、146。位於Wabash Avenue與Balbo Avenue 交界 │ ℹ 1.20:30前的表演無觀眾年齡限制，20:30後須滿21歲且攜帶含照片的有效證件才能入內；2.室內禁菸；3.可於網站或現場購票；4.座位採先進場先帶位之原則，請提早入場 │ 🗺 P.12-A3、P.16-B1

這家俱樂部是由屹立藍調界超過50年的電吉他樂手兼歌手巴弟蓋，於1989年所

創立。巴弟蓋出身路易斯安那州，自幼學習吉他，21歲來到芝加哥後受到藍調大師穆迪華特斯(Muddy Waters)的影響而益加精進，多年後他的音樂與技巧也影響了艾力克萊普頓(Eric Clapton)、史提夫雷梵(Steve Ray Vaughan)等知名樂手。巴弟蓋成就輝煌，擁有6座葛萊美獎、國家藝術勳章、告示牌(Billboard)雜誌世紀音樂獎、2012年甘迺迪中心終身成就獎等。他於每年1月會在這裡演出。俱樂部有供應Southern Cajun美食。

要你說「好吃」的餐廳
うまい
Umai

✉ 730 South Clark Street | ☎ (312)986-8888 | http www.umaichicago.com/clark | ⏱ 週一～四11:30～15:00、16:00～22:00，週五～六11:30～15:00、16:00～22:30，週日16:30～21:30 | 💲 主餐約$12起 | ➡ 1.紅線Harrison站，從南邊出口出站，沿Polk Street往前走3分鐘至Clark Street。2.藍線LaSalle站轉Clark Street往南走。公車22、24、62 | MAP P.13-C3、P.16-A1

近年美國大都會對亞洲食物的接受度越來越高，連帶注重裝潢與料理風味的亞洲餐廳也逐漸增多。位於Clark和Polk Street街口的うまい是家廣受歡迎的日式餐廳，用餐時間常見滿員狀態，餐點內容從丼飯、咖哩飯、拉麵與烏龍麵、燒烤、壽司、手卷等都有。酒單除紅白酒與雞尾酒外，也有清酒、日式啤酒等。富頓市場和林肯公園區也有分店。

美味外帶披薩
Pat's Pizza

✉ 628 South Clark Street | ☎ (312)427-2320 | http patspizzasouthloop.com | ⏱ 週日～四11:00～23:00，週六～日11:00～00:00 | 💲 12吋披薩約$13.5起 | ➡ 位於うまい餐廳北邊步行約2分鐘處 | MAP P.13-C3、P.16-A1

在第爾本車站附近，從State Street往西至Clark Street，每條南北向的大馬路幾乎是每走幾步就有吃食，申請在人行道擺設桌椅的店家也很常見。

相較之下，只做外帶生意的Pat's Pizza就沒有太招搖的門面，這裡以薄片披薩有名，不管是選擇葷或素的配料，都很好吃，個人由於喜歡蔬菜多一些，所以搭了櫛瓜(zucchini)，結果披薩吃來汁多味甜、帶點脆，留下不錯的印象。

現場點餐後現做，如果還想買點零食飲料，可以趁等候時到門牌730號的Urban Pantry雜貨店逛逛。

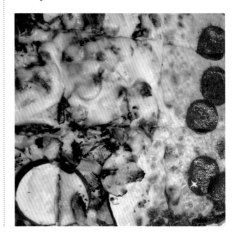

滿足想吃鮮肉多汁漢堡的渴望

Hax Hops and Hamburgers

✉ 733 South Dearborn Street｜☎ (312)461-1116｜🌐 eathax.com｜🕐 週一～五11:00～22:00，週六09:00～22:00，週日09:00～21:00。每日14:00前供應早餐｜💲 主餐約$6起｜➡ 紅線Harrison站南方出口，步行約2分鐘(位於第爾本車對面東北方街角)｜🅼 P.12-A3、P.13-C3、P.16-B1

現址曾為經營多年的Hackney's，如今由第四代改裝再出發，轉型為漢堡啤酒快餐店。直接到

櫃檯點餐、結帳，價位走平價路線，但食品製作細節依舊遵循家族古法，使用新鮮的上腰牛絞肉做漢堡肉，麵包(尤以黑麥麵包最為自豪)與甜派則是每日自家烘焙，承襲Hackney的高麗菜沙拉、洋蔥圈、薯條等也都沒有缺席。14:00前另有多種早餐漢堡、咖啡和茶。Burger Hax可自選麵包、起司、配料，主餡料則有牛肉、火雞肉、雞胸肉和蔬菜等4種。

不花大錢也能吃得開心

澳門街美食
Macau Tasty House

✉ 2826 South Wentworth Avenue｜☎ (312)877-5555｜🕐 每日08:00～00:00｜💲 飲茶餐點$2.89～5.15，週間14:00～16:00飲茶8折優惠｜➡ 從第爾本車站旁的South Clark Street搭公車24往南行至West 28th Street下。或從唐人街Wentworth Avenue搭公車24｜🅼 P.16-A3

雖然不是位在唐人街熱鬧的地帶，但這家粵式港茶點心店的食物，無論在口味或製作品質上都很用心，再加上不貴，很容易就讓顧客吃過還會想再來。櫃檯也有販售菠蘿包。距離白襪隊球場不算遠，球賽前或球賽後都可以來吃。

179

住宿情報

靠近格蘭特公園南端

Best Western Grant Park Hotel

✉ 1100 South Michigan Avenue | ☏ (312)922-2900 | http www.bestwestern.com | 💲 淡季約$80起 | ➡ 介於Michigan Avenue與11th Street交界。捷運Roosevelt站 | 🔊 免費 | MAP P.16-B1

　　2018年翻新房間與公共空間的Best Western位於格蘭特公園南端，鄰近博物館園區、捷運Roosevelt站(站旁有超市 Jewel-Osco、Trader Joe's與BP加油站)以及 Metra Roosevelt Station。

地點良好，價格合理

Hilton Chicago

✉ 720 South Michigan Avenue | ☏ (312)922-4400 | http www.hilton.com | 💲 淡季約$150起 | ➡ Michigan Avenue上，介於Balbo Avenue與8th Street之間。紅線Harrison站 | 🔊 大廳與餐廳提供免費WiFi | MAP P.16-B1

　　Hilton Chicago飯店占地廣大，氣氛氣派。健身房內有跑步道和跑步機等設施。是市區內價格合理的AAA四星級旅館。

設有小廚房

Travelodge Hotel

✉ 65 East Harrison Street | ☏ (312)574-3335 | http www.travelodgechicago.com | 💲 淡季約$85起 | ➡ 介於Harrison Street與Wabash Street交界。紅線 Harrison站 | 🔊 免費 | MAP P.12-A3、P.16-B1

　　Travelodge是一家房型走簡單實用路線的旅館，鄰近史柏塔斯學院和當代攝影美術館。房內有小廚房，旅館亦有設Luna Cafe與餐廳Thai Spoon。需較大空間的家庭房，可另洽旅館查詢。

South Loop & Near South Side

鄰近公路，推薦給自駕者

Holiday Inn & Suites Chicago Downtown

✉ 506 West Harrison Street │ ☎ (312)957-9100 │
http www.ihg.com/holidayinn │ 💲 淡季約$140起 │
➡ 介於Clinton Street與Harrison Street交界。藍線
Clinton站 │ 📶 免費 │ MAP P.13-A3、P.16-A1

　　鄰近Eisenhower Express-way出口，附近有Union Station、Greyhound車站，University of Illinois at Chicago也在5分鐘車程內。與大人隨行的18歲以下小孩免費住宿，11歲以下小孩用餐免費。

全新整修落成

Hotel Essex Chicago

✉ 800 South Michigan Avenue │ ☎ (312)939-2800 │ http www.hotelessexchicago.com │ 💲 淡季約$120起 │ ➡ 介於Michigan Avenue與8th Street交界。紅線Harrison站 │ 📶 免費 │ MAP P.16-B1

　　Essex Inn北館是1961年建成的建築，14層樓高，有著藍色玻璃與銀白鋼骨結構。於2019年春天完成整修，與旁邊56層樓Essex on the Park住商大樓相通，提供旅客嶄新的設施與空間。

鄰近藍線LaSalle站

Hotel Blake

✉ 500 South Dearborn Street │ ☎ (312)986-1234 │ http www.hotelblake.com │ 💲 淡季約$140起 │ ➡ 介於Congress Parkway與Dearborn Street交界。藍線LaSalle站南側出口，回轉往東走約2分鐘 │ 📶 免費 │ MAP P.13-C3、P.16-B1

　　如果打算搭地鐵從歐海爾機場進城，鄰近藍線LaSalle站不遠的Hotel Blake是不錯的選擇，儘管南出口要走樓梯上到大馬路，但到了馬路後，旅館也很快就到了。屬商務型精品旅館，1樓有家生意不錯的Meli Café。

▲(圖片取自官網)

芝 加 哥
鐵路之旅

搭乘鐵路走訪芝城郊區名勝

芝加哥鐵路系統發達，無論CTA捷運或Metra火車都提供了安全便捷的服務，非常適合搭乘鐵路來趟當天往返的出城之旅。此外，Metra有無限次數搭乘的週末特惠票(Weekend Pass，不適用於South Shore Line)，每人$10，適用於週六、日兩天，而且1名成人可攜帶3名11歲以下兒童免費同行，也因此就算週末車班較不密集，只要事先做好規畫並在旅行時掌握好時間，便能夠省下一筆交通費。

路線 **①**

Metra Electric (ME)

🚉 起站：千禧車站(Millennium Station)

　　ME與開往印第安那州的South Shore Line皆以千禧車站為起點，終點站是University Park，這裡有結合平原風光與20餘件中大型創意雕塑品的南森曼尼洛雕塑公園(Nathan Manilow Sculpture Park)。許多人也以ME作為市區與芝加哥大學(University of Chicago)所在地海德公園(Hyde Park)的交通車。

千禧車站
Millennium Station

✉ 於North Michigan Avenue與East Randolph Street交界有兩處入口 | 🕐 售票：週一～六05:55～23:30，週日07:00～23:30。候車室：每天05:00～00:50 | MAP P.12-B2

　　車 站長廊以畫有流線線條的藍色水磨石地板，和波浪狀的天花燈板營造出現代感，蝙蝠俠也曾在電影裡騎著超級重型機車在此穿梭。

范布稔街車站
Van Buren Street Station

✉ 在South Michigan Street與Van Buren Street交界有3處入口 | 🕐 售票：週一～五06:00～22:30，週末只能用售票機購票。候車室：每天05:00～00:50 | MAP P.12-B3

　　興 建於1896年，內有木質長凳和暗紅色瓷磚地板的米黃色調後車室，是目前ME線上最古老的現役車站。

海德公園周邊地圖

海德公園
Hyde Park

✉ ME 55th－56th－57th Street站,或者搭乘公車2 Hyde Park Express(週間上下班時間行駛)於57街下車,公車6於56街下車,公車10於Museum of Science & Industry下車 | ⁉ 利用單車逛此區可節省不少時間(ME車站與芝加哥大學等多處都有Divvy租車站) | MAP 拉頁地圖、P.184

海德公園與林肯公園同為芝加哥兩大知識分子住宅區,只是海德公園因為鄰近黑人區而顯得比較氣氛低調。

這個芝城南方的明珠是歐巴馬總統入主白宮前的居住地(✉ 5046 South Greenwood Avenue,右上圖),歐巴馬總統中心也將會坐落於附近的Jackson Park。追溯歷史,這裡曾是1893年世界博覽會的舉辦場地,也是在地富商繼草原大道的下一個群居地,更是擁有多位諾貝爾得主、學術成就斐然的芝加哥大學所在地,再加上幾間收藏豐富的博物館,絕對值得一訪再訪。

科學與工業博物館
Museum of Science & Industry

✉ 5700 South Lake Shore Drive | ☎ (773)684-1414 | http www.msichicago.org | ⏰ 每日09:30開放入場,閉館時間依月分而異,介於16:00～17:30,參觀前請先上網查詢 | 休 感恩節、聖誕節 | $ 一般入場門票成人$21.95,3～11歲$12.95,網站預購、芝城居民購票可享折扣。特展和Giant Dome Theater收費另計。適用Chicago CityPASS。另有伊利諾州民免費入場日,請上網查詢Free Days | 🏛 市級古蹟,為1893年世界博覽會保存下來的建物 | MAP P.184

如果要找個字眼形容這裡,那麼應該是Amazing附加好幾個驚嘆號吧!博物館開館於1933年6月19日,以教育和啟發學童對於科學、科技、工程和醫學的興趣為宗旨,也是北美第一座藉由讓參觀者與展出品互動來增加學習樂趣的博物館。館內有不下30個主題展覽區,並常與時俱進推出新展覽,是個大人小孩都會喜歡的地方。最受歡迎的有作工精細的華麗模型Fairy Castle,超大鐵路與城市模型The Great Train Story,解釋遺傳學如何影響人類生活的Genetics and the Baby Chick Hatchery,以及列入國家級古蹟的全美唯一德國U-505潛水艇等。U-505另有25分鐘的登艇導覽(On-Board Tour,每人$9～12),是個難得的體驗機會。

湖岬點
Promontory Point

✉ 5491 South Lake Shore Drive | ☎ (312)742-4847 | ➡ 自55街往東越過Lake Shore Drive下方人行步道可達 | 🗺 P.184

　湖岬點是密西根湖畔一塊突出的岬角，是柏翰(Daniel Burnham)在《Plan of Chicago》早有規畫的一塊公園預定地，現已成為附近居民散心慢跑的場所。這裡環境優美，有間可愛的石屋，天晴的

日子可清楚看到芝加哥市區，春夏交接可能仍會吹強勁北風。

羅比之家
Frederic C. Robie House

✉ 5757 South Woodlawn Avenue，於58街與Woodlawn Avenue交叉口 | ☎ (312)994-4000。10人以上團體，請於30～60天前上網預約 | 🌐 flwright.org，點入Tours→Robie House | 🕐 導覽時間週四～一10:30～15:00，禮品部(售票處)週四～一09:30～16:30 | 🚫 週一～二、元旦、感恩節、聖誕夜、聖誕節 | 💲 室內導覽(45～60分鐘)：成人$18，學生與65歲以上$15，3歲以下免費 | ℹ 1.另有深度導覽(Private Spaces Tour，約90分鐘)與其他活動，請參考網站Tours and Programs；2.建議由網站預訂為佳(有手續費) | 🏛 市級與國家級古蹟，並獲選美國建築師協會二十世紀十大重要建築 | 🗺 P.184

　享譽全球的羅比之家，是萊特(Frank Lloyd Wright)自日本返美後的首件作品

(1908～1910年)。在這棟他稱為「現代建築基石」的草原學派樓房中，萊特摒棄哥德與維多利亞式設計，利用鋼鐵橫梁讓房子水平延伸，創造出平順寬敞且兼具隱私性的起居空間，174片琥珀色玻璃也讓室內充滿自然柔和的色澤。他還替汽車迷的雇主Frederic Robie設計可停放3輛汽車的大車庫，為當時少有。二十世紀中，擁有房屋使用權的芝加哥神學院幾度計畫將這裡拆除，引發各界(包括萊特)強烈反對，最後不但促使芝加哥古蹟委員會的成立，也讓它成為第一個市級古蹟。

　羅比之家的南邊，是芝加哥大學布斯商學院哈波中心(Charles M. Harper Center)，水平延伸與大量使用玻璃窗的外型是仿羅比之家，內部屋頂的弧形鋼柱則是呼應洛克斐勒紀念教堂的哥德式設計。

1.羅比之家／
2.布斯商學院

大阪庭園
Osaka Garden

☒ 位於Jackson Park的Wooded Island ｜ ➡ 從科學與工業博物館東邊的Columbia Drive繞到博物館南方，越過Clarence Darrow Bridge後沿著步道往西南走到North Bridge，花園就在前方不遠處(入口在步道東邊)。亦可沿著博物館西邊的Cornell Avenue走到North Bridge ｜ 🅜🅐🅟 P.184

這是個美麗的日式庭院。1893年博覽會，當時日本以一座鳳凰殿和日式庭園讓西方人大為驚豔，但兩者在二次世界大戰期間分別遭到燒毀與破壞。1981年芝加哥市政府重建庭園，並以姊妹市大阪命名。庭園內種有韓國紫丁香(Korean Lilac)，春天開花時會散發出一股非常清郁的香味。

◀大阪庭院的巧手園丁
Mr. Bill Coons

杜塞保美籍非裔
族群歷史博物館
DuSable Museum of African American History

☒ 740 East 56th Place ｜ 📞 (773)947-0600 ｜ 🅗🅣🅣🅟
www.dusablemuseum.org ｜ 🅒 週二～六
10:00～17:00，週日12:00～17:00 ｜ 🅗 週一、元旦、復活節、國慶日、勞動節、感恩節、聖誕節
｜ 💲 成人$10，學生與長者$7，6～11歲$3，5歲以下免費，芝加哥居民與學生可享優惠；週二免費 ｜ 🅡 禁止拍照攝影與攜帶食物、背包、過大手提袋、雨傘、寵物 ｜ 🅜🅐🅟 P.184

杜塞保博物館以Jean Baptiste Point DuSable(來自於海地、擁有非洲與法國血統的毛皮商，是最早定居芝加哥的移民者)為名，館內展出非洲手工文物、紀念

首位非裔芝城市長Harold Washington的生平回顧與模擬辦公室，以及其他相關的藝文、人權運動特展，是一個富有教育意義、可以讓人深入了解非裔族群歷史與奮鬥歷程的機構。夏季有戶外電影或音樂會等活動，可點入網站EVENTS查詢。

芝加哥大學
University of Chicago

🌐 www.uchicago.edu | 🗺 P.184

　　芝加哥大學是1891年由美國浸信會教育協會(American Baptist Education Society)與石油大亨洛克斐勒(John D. Rockefeller)共同創立，位於海德公園的廣大校地則是由百貨商馬歇菲爾德所捐贈。

　　初期校舍的規畫者為柯布(Henry Ives Cobb)，建築風格為英國哥德式，特色就是屋頂的尖塔、獸身以及內部迴廊設計；1955年後現代建築陸續出現，其中包括密斯設計的社服管理學院(the School of Social Service Administration)，建在Stagg Field舊址上的7層樓圖書館Joseph Regenstein Library，以及其西側的玻璃蛋形、兼具節能與人工智慧設計的圖書館Joe and Rika Mansueto Library(由楊Helmut Jahn設計，右上圖)。

　　芝加哥大學教學強調理解勝過成績，鼓勵研讀原始文獻、多進行討論。反覆理解與思考的研究精神，或許是促成它能孕育出全美最多諾貝爾獎得主的重要原因。

★校內景點

❶ 洛克斐勒紀念教堂 (Rockefeller Memorial Chapel)

✉ 5850 South Woodlawn Avenue | 🌐 rockefeller.uchicago.edu | 🕐 10月初～6月初開放：週二～六11:00～18:00，禮拜時間為週日11:00

　　位於羅比之家東南方的雄偉建築就是芝大的附設禮拜堂——洛克斐勒紀念教堂。建成於1928年，是學校創辦人洛克斐勒生前唯一明確指示要設立的建物。教堂鐘聲是一串恍若天籟的悠揚樂音，相當具有特色。夏季期間有登上271階梯的編鐘參觀行程(Carillon Tour)，詳情請見網站。

❷ 東方學院博物館 (The Oriental Institute Museum)

✉ 1155 East 58th Street | ☎ (773)702-9514 | http oi.uchicago.edu | 🕐 週二～日10:00～17:00 (週三延長至20:00) | 休 週一、元旦、國慶日、感恩節、聖誕節 | 💲 免費，歡迎自由奉獻(建議額度：成人$10，12歲以下$5)。語音導覽$5(亦有中文版)

芝加哥大學的東方學院可說是研究古代近東地區文化歷史的權威之一。博物館以展出埃及、伊朗、伊拉克、以色列、蘇丹、敘利亞與土耳其等地的古文物為主，其中有些蒐藏物還是學校考古學家所挖掘出來的。另有講座與影片欣賞等活動。

❸ 史瑪特美術館(Smart Museum of Art)

✉ 5550 South Greenwood Avenue | ☎ (773)702-0200 | http smartmuseum.uchicago.edu | 🕐 週二～日 10:00～17:00(週四延長至20:00) | 休 週一與主要節日 | 💲 免費

史瑪特是間收藏豐富、大小適中(不至於讓人逛到累)的校園美術館。作品囊括東西兩方，年代跨越5個世紀，有中、日字畫，也有西洋油畫與工藝品。附設咖啡廳的一般營業時間為週一～五08:00～16:30、週末10:00～16:30，菜單為簡單不貴的沙拉、三明治與飲料，是一處理想的飲食站。

美術館東北邊白色亮眼的複合式大學部宿舍，是由Studio Gang建築事務所設計，設計上不只考量了附近舊校舍的外觀，也注重使用者的便利與舒適，2016年秋天落成後頻頻獲獎。

1.從此入口進入左轉就是史瑪特美術館／**2.**＜Expanding Narratives＞展覽／**3.**藝術家Emmanuel Pratt的創作／**4.**Studio Gang設計的宿舍

神學院合作書店＆57街書店

Seminary Co-op Bookstore & 57th Street Books

神學院合作書店

✉ 5751 South Woodlawn Avenue，位於羅比之家北邊｜☎ (773)752-4381｜**http** semcoop.com(可同時查詢到57街書店資訊)｜🕐 週一～五08:30～20:00、週末10:00～18:00

57街書店

✉ 1301 East 57th Street｜🕐 每日10:00～20:00｜**MAP** P.184

位於芝加哥大學校區內的神學院合作書店，為全球知名的學院書局，以販售人類學和社會科學書籍為主，也很容易就能找到校內教授的著作。1961年成立時是由17名愛書人、每人出資$10開始的，目前營運基金已超過5萬美元，書店入口右側的咖啡館也是師生們喜愛的聚會處。

當地另一間獨立書店為創立於1983年的57街書店，入口小巧，但內部占地可相當大，書籍種類繁多，童書區還能讓小讀者席地而座自在看書、聽故事。這裡的紅磚與簡單木板書架，讓人想起過去神學院合作書店位於地下室舊址的氣氛。

1.神學院合作書店／**2.**57街書店

57街梅迪奇餐廳

Medici on 57th

✉ 1327 East 57th Street｜☎ (773)667-7394｜**http** www.medici57.com｜🕐 餐廳：週一～四07:00～22:00，週五07:00～23:00，週六09:00～23:00，週日09:00～22:00，週末早午餐供應至14:00。麵包店：週一～四07:00～23:00，週五、六07:00～00:00，週日08:00～23:00，熟食區每日09:00起｜💲 主餐約$8起｜➡ 57街上，位於Kimbark Avenue東邊｜**MAP** P.184

Medici是家從1955年就存在於海德公園的老牌餐廳，名稱源自於義大利文藝復興時期贊助藝術家的梅迪奇家族。餐點價格不貴，生意興隆，午茶時間仍可能高朋滿座。推薦品為餐廳老闆的最愛：煙燻德國火腿披薩，飯後甜點則可以選擇由冷藏摩卡派與一大坨藍姆奶油花組成的Vaguely Reminiscent，再搭配黑咖啡，保證滿嘴留香。臨去前，也別忘了到隔壁的麵包店帶份新鮮烘焙的麵包或糕點(如水果塔)，店內也有咖啡飲料和座位區。往東走有家環境優雅的義式餐廳Piccolo Mondo(✉1642 East 56th Street｜🕐週一～四、日11:30～20:45，週五～六11:30～21:45，設有烘焙坊🕐週二～日07:00～20:45)，經過時也可停留品味。

路線 ❷

Metra Burlington Northern Santa Fe (BNSF)

🚇 聯邦車站(Union Station)

BNSF由聯邦車站出發，一路通往西郊Aurora，沿途經過芝加哥最大的動物園Brookfield Zoo、有著樂活與慢活步調的LaGrange、學區佳與環境優美的Naperville，以及位於Aurora的暢貨中心——Chicago Premium Outlets®。

布魯克菲爾德動物園
Brookfield Zoo

✉ 3300 Golf Road, Brookfield | 📞 (708)688-8000，(800)201-0784 | http www.brookfieldzoo.org | 🕐 每日09:00～18:00(時間可能因季節略有不同) | 💲 成人$21.95，3～11歲與65歲以上$15.95(網路購票可享優惠) | ➡ 在Zoo Stop(Hollywood站)下車，自車站沿著Hollywood Avenue往北走，右轉Washington Avenue，遇到Golf Road左轉直走可達 | ⁉ 園區內禁煙。請勿攜帶寵物同行 | MAP 拉頁地圖

　　儘管市區有個免費的林肯公園動物園，芝加哥人還是常興奮地問遠道而來的人：「你去過布魯克菲爾德動物園了嗎？」

　　這裡占地200公頃，擁有許多來自世界各地的動物，還有特殊展覽館，好比

Fragile Dessert裡會告訴你沙漠野貓Caracal有哪些特殊習性與身體構造來適應惡劣環境等。園區每個

▲(圖片提供© 康世謙)

月都會有一次大活動，包括10月萬聖節期間的「Boo! at the Zoo」以及12月歡慶聖誕節的「Holiday Magic」(從16:00～21:00點燈，遊客可以體驗在夜間逛動物園的樂趣)。

Blueberry Hill Breakfast Cafe

✉ 49 South La Grange Road | 📞 (708)352-4900 | http www.blueberrybreakfastcafe.com | 🕐 每日06:00～15:00 | ➡ 位於La Grange Road和Harris Avenue交界

　　Blueberry Hill是間老少咸宜的平價餐廳，也曾在論壇報「最受歡迎早餐店」中榜上有名。一整片面對馬路的玻璃窗帶來明亮的光線，伴隨著香氣四溢的鬆餅與此起彼落的歡樂交談聲，讓顧客不僅是口腹得到滿足，連心情也受到活化。由於分量

很大，對於胃口小的人來說，兩人點一份是比較剛好的。香蕉製品是招牌之一，包括草莓香蕉鬆餅和香蕉核果法國吐司都不錯。另有其他分店，可上網查詢或下載App。

拉格蘭治
La Grange

http www.villageoflagrange.com｜➡ 在LaGrange Rd.站下車，與站東邊平交道南北垂直的La Grange Road就是主要街道。亦可從相距不遠的LaGrange-Stone Avenue下車再往回走，順便欣賞Stone Avenue車站的石造建築｜MAP 拉頁地圖

在BNSF沿線上，如果想要來點美食、藝術與慢活步調，拉格蘭治是不錯的選擇。距離芝加哥市約13英哩，是雜貨商人柯希特(Franklin D. Cossitt)於1871年大火後，至此購地規畫、鋪路蓋車站而繁榮的雅致城鎮。市區約6平方公里，卻是麻雀雖小五臟俱全。由La Grange Road往南走則散布著各式餐廳(包括美式、墨西哥、越南、印度、義大利菜等)、藝廊、飾品店，還有1925年就存在的當地戲院(現為二輪電影院)。繼續往南走兩旁可見漂亮老樹與老宅，直至47th Street街口西側，有間小巧的房子是拉格蘭治地區歷史協會(✉ 444 South LaGrange Road｜🕐 週三09:30～12:00、每月最後一個週日13:00～16:00)，可以到這裡索取歷史老宅地圖，或是欣賞歷史文物展出，協會亦會舉辦地區導覽(http lagrangehistroy.org)。沿著車站西邊的Ashland Road往南走，有一家深受在地人喜愛的手工冰淇淋店Tates Old Fashioned Ice Cream (🕐 每日13:00起營業，1月中～2月底休息)，個人喜歡香而不膩的草莓口味。

▶車站南邊的Hallmark商店是選購小卡、小禮物的好去處

Chicago Premium Outlets®

✉ 1650 Premium Outlets Boulevard, Aurora｜📞 (630)585-2200｜http www.premiumoutlets.com｜🕐 全年無休，週一～六10:00～21:00，週日10:00～19:00。另有節慶日營業時間，請上網查詢｜➡ Aurora站下車後搭乘計程車或Pace公車533前往。533週日與假日停駛｜MAP 拉頁地圖

由Simon Property Group經營的Premium Outlets®是名牌愛好者與血拼族的天堂，不但全美有上百家連鎖店，連日本也有多

家分店，受歡迎程度可見一斑。這間位於奧羅拉(Aurora)的暢貨中心集結知名品牌，無論衣服、皮件、餐具、運動商品都有，也常舉辦促銷活動。

瑞柏市
Naperville

http www.naperville.il.us | ➡ Naperville站，自車站南側出來，沿公園右邊Central Street往南至North Avenue右轉Washington Avenue，往南走約15分鐘可抵達市中心 | MAP 拉頁地圖

瑞柏市的歷史由1831年約瑟夫瑞柏(Joseph Naper)移居至此開始，最初為溝通芝加哥與其他西邊大鎮的中繼站，後來拜

鐵路開發之賜越趨熱鬧，1950年代許多企業紛紛來此設立研究機構，也因此這裡的居民以從事高科技的知識分子居多。2010年瑞柏市人口超過14萬，是大芝加哥地區排名第五位的自治市；亞洲人為第二大族群，其中不乏來自台灣的移民。

瑞柏市吸引人之處在於它擁有許多老字號小店與古老建築，以及漂亮的親水公園與緊鄰DuPage River的河邊步道。近年來許多連鎖知名品牌與餐廳陸續進駐，帶動不少購物人潮。旅行途中不妨到此感受一下瑞柏市的活力與魅力。

狄克崔西雕像
Dick Tracy Bronze

➡ 自瑞柏市Washington Avenue走向Webster Street與Jackson Avenue交界，通過木橋，立像就在橋的東邊

大名鼎鼎的警探為何與瑞柏市有關？原來，這部徹斯特古德(Chester Gould)原創的連載漫畫，在1983年後由Dick Locher(原名Richard E. Locher，1928～2017)接手，而他生前就住在瑞柏市。這尊充滿幹勁與正義感的雕像是為了慶祝狄克崔西80週年所設立。Dick Locher自2005年起也身兼劇情編寫，直到2011年3月才卸下職務，交由繼任者繼續狄克崔西打擊犯罪的精采故事。

路線 ❸

Metra Union Pacific North Line (UP-N)

🚉 起站：歐格維運輸中心(Ogilvie Transportation Center，綠線、粉紅線在Clinton站下車往南走兩個街區，或公車J14、20等)

MAP P.13-A2

UP－N和其他開往芝加哥西北郊的鐵路起站都設在這棟楊(Helmut Jahn)設計的藍色玻璃大樓Citicorp Center。UP－N以和密西根湖岸幾近平行的路線一路往北直行到威斯康辛州Kenosha(再往北即是Racine)，沿途經過西北大學(Northwestern University)所在地Evanston，以及芝加哥最美麗的植物園Chicago Botanic Garden等地，是條帶領遊客親近大自然的路線。

艾文斯頓市
City of Evanston

http www.cityofevanston.org | ➡ Evanston－Davis St.站下車往東走，亦可搭乘CTA紫線在Davis站下車 | ℹ️ CTA Davis站出口有CTA巴士201、205和Pace巴士208可達Skokie的購物中心Westfield Old Orchard Mall | MAP 拉頁地圖、P.195

艾文斯頓是芝加哥近郊另一處人文薈萃的地方，這裡的開發與規畫和著名的西北大學(成立於1851年)息息相關，名稱也是由大學草創者之一艾文斯(John Evans)而來。芝加哥大火後湧入一批有錢的新市民，並也連帶吸引了中下階級來此從事勞力活動與商店開設；1920年後鐵路交通的建立讓艾文斯頓受到更多高收入者的青睞，時至今日依舊如此。

艾文斯頓主要有兩處熱鬧的商區，一為Evanston站以東Chicago Avenue以西、介於Church Street與Grove Street之間，另一處是沿著Chicago Avenue往南走到與Dempster Street的交界處，途中於Grove Street會經過可愛的Raymond Park，公園轉角可看到由Indira Johnson創作，紀念當地藝術家Isabel Alvarez MacLean女士的數把具有童趣又充滿生氣的椅子

《Conservations: Here and Now》(下圖)。靠近湖邊的Sheridan Road沿途有許多漂亮的老房子，越過校園向北走還有一個1873年的老燈塔。

餐廳選項日益豐富，除了菜色多樣的老牌亞洲餐館Joy Yee Noodle，也有如Found Kitchen & Social House這種講究健康食材的新型態美式餐廳等。想簡單用餐，Whole Foods Market裡有日式便當或自助吧，其南邊的Peet's Coffee則是頗受歡迎的連鎖咖啡店。

造訪艾文斯頓，建議可沿著Church Street往東至湖邊，再往北朝西北大學前進。回程可改從Davis Street或Grove Street回車站。

Railway—Metra & CTA

西北大學
Northwestern University

http www.northweatern.edu | MAP P.195

　西北大學在法、商、科學、醫學、音樂等方面的表現,同該校的代表色葡萄紫色一樣亮眼,著名的Kellogg管理學院,名字即是為了紀念家樂氏玉米片(Kellogg's)創辦人的後代捐款助學而來。校區以艾文斯頓和芝加哥市區為主,前者興建於19世紀中,除了古色古香的哥德式建築,近年也多了玻璃帷幕現代建築,如Sheridan Road旁的遊客中心Segal Visitors Center,以及校園藝文區Arts Circle周邊的音樂學院Bienen School of Music和布拉克美術館Block Museum of Art等。

　布拉克美術館(免費參觀,週二～日10:00起開放)外觀精巧,1樓是電影院(Block Cinema,放映經典與當代電影或紀錄片),2樓是織品創作、廣告畫作等展區。美術館朝東走,可看到一窪湖水和密西根湖邊綠園帶,這裡是學生的熱門休閒場所,綠地南端也是眺望市區的好望角。

1.密西根湖畔綠園帶The Lakefill／2.藝文區Art Circle一角／3.布拉克美術館內展出的Neil Goodman創作／4.足球練習場Lakeside Field／5、6.校內景致

艾文斯頓市地圖

The Lakefill
布拉克美術館
Norris University Center
西北大學
Segal Visitors Center
Clark Street Beach
Whole Foods Market
Peet's Coffee
Davis
Evanston (Davis St.)
Found Kitchen & Social House
Joy Yee Noodle
Hyatt House
Raymond Park
Dempster
密西根湖 Lake Michigan

↓往 艾米爾·巴赫之家

巴赫之家(Emil Bach House)

艾文斯頓南邊有個名為羅傑斯公園(Rogers Park)的區域，這裡有棟1915年萊特(Frank Lloyd Wright)受磚頭製造商艾米爾·巴赫委託設計的私人度假屋(當時可從東側直通湖邊)。平屋頂(雖然並非寬廣延伸)和不易一眼看入室內的長型窗戶，反應出它的草原風格血統。方塊造型的主屋入口隱密，善用通道與家具引導動線的萊特就像魔術師，等著訪客走入客廳時會發出「哇」的讚嘆……由於屋子曾幾度易主，目前家具和窗戶等多數是仿最初設計重置，新屋主也讓這裡變成出租度假屋，不僅活用，也可說是在推廣大師所打造的美好生活空間。

貼心提醒：Jarvis站東邊有家在地經營的Charmers Cafe，價格平實，是適合吃早午餐和手工冰淇淋的地方。

✉ 7415 North Sheridan Road，CTA紅線Jarvis站出口往東行3個街區，步行約7分鐘 | http www.emilbachhouse.com，點入右上Make a Reservation可選擇訂房(Stay)或導覽行程(Take a Tour)
導覽行程：🕐 5～9月每週二～三11:00～14:00，約45分鐘 | 💲 1.成人$12，學生及65歲以上長者$10；2.為避免向隅，建議由網站預訂為佳(有手續費)，並於導覽前15分鐘報到 | 🏛 市級與國家級古蹟

巴哈伊教靈曦堂
The Bahá'í House of Worship

✉ 100 Linden Avenue, Wilmette | 📞 (847)853-2300 | http bahai.us | 🕐 每日06:00～22:00 | ➡ Wilmette站下車轉搭Pace東向公車421、422到CTA Linden站，下車後沿著Linden Avenue往東走，過了3rd Street，再過橋，靈曦堂就在前方。因為421、422週末與假日不行駛，所以直接搭乘紫線CTA到Linden是最好的方式 | 🗺 拉頁地圖

以希望促進人類融合與創造世界和平為目的的巴哈伊教，是伊朗人巴哈歐拉(Bahá'u'lláh)在十九世紀中所創，1893年藉由在芝城舉辦的博覽會引進美國，目前全美聚會所有15萬處，並有一座靈曦堂，就是位於Wilmette的這間鐘型九角白色建築。

靈曦堂的美與細膩是別處沒有的，尤其內牆有如蕾絲的紋路，更是只能以bahá(意即光輝壯麗)來形容，潔白純淨的空間讓人感到莊嚴與感動。靈曦堂設計者是法裔加拿大籍的柏吉歐斯(Louis Bourgeois)，他花了8年時間把設計圖完成，接著又花了36個寒暑才在1953年將靈曦堂建成。柏吉歐斯畫設計圖的時候，曾經一度只能靠兜售自家花園的花來過活，堅持的熱忱實在令人敬佩。

拉維尼亞音樂祭
Ravinia Festival

☎ 訂票專線(847)266-5100 | http www.ravinia.org，點入Plan a Visit→By Train可看到Metra乘車資訊 | ⊙ 每年6～9月中，開放入場時間見各場次公告 | ➡ Ravinia Park站 | 🚏 電話或網路訂票另加$12手續費 | MAP 拉頁地圖

已有百年歷史的拉維尼亞音樂祭是北美最古老的戶外音樂會，行至今日已成為

芝加哥人夏季不可或缺的文化饗宴，每年3月完整節目表公布後總會造成一股購票熱潮。

音樂祭最吸引人的不僅在於前來表演的知名音樂家或團體，還在於它能讓聽眾享受在大自然的懷抱裡聆聽樂音的浪漫情境；鋪上草蓆、擺出自備的美酒佳肴、另有星辰與蟲鳴為伴，最愜意的夜晚，也莫過於此了。

▼(以下2張圖片提供© 潘家琳)

芝加哥植物園
Chicago Botanic Garden

✉ 1000 Lake Cook Road, Glencoe | ☎ (847)835-5440 | http www.chicagobotanic.org | ⊙ 每日開放，夏季07:00起、秋季08:00起，出發前請先查詢官網 | 💲 免費 | ➡ Glencoe站下車，在車站西側轉乘Pace北向公車213(週日與假日停駛)到植物園門口，再沿著車道步行進入。或在Braeside站下車，沿著Country Line Road往西走約1哩路即可到達入口(或撥打847-729-0303叫計程車)。Glencoe站5月中～8月底每週日09:30～17:00有接泊車Garden Trolley，來回每人$2，5歲以下免費，詳情請上網查詢 | ℹ 植物園往西過41號公路有Village Square of Northbrook購物中心，搭Pace公車213可達 | MAP 拉頁地圖

開幕於1972年的芝加哥植物園占地385公頃，擁有27個精心規畫的主題花園與4個自然生態區，植物數目多達250萬株，

是個風景如畫的世外桃源。這裡春天看花開、秋天賞楓紅，就算是冬天也有白雪覆蓋的美，四季都很適合造訪。園內另有許多活動，如兒童營、免費音樂表演或歲末Wonderland Express等，可至官網查詢Events。

▼(以下2張圖片提供© Chicago Botanic Garden)

森林湖市
City of Lake Forest

http www.historicmarketsquare.com | ➡️ Lake Forest站 | MAP 拉頁地圖

森林湖，一個環境與名字一樣美麗的地方，是芝加哥北方約25英哩處的高級住宅區，開發之初就是富裕人家的避暑勝地，居民們還特地請了造景師來設計社區，蜿蜒的路徑成為其特色，沿途散布著一棟棟間隔甚遠的華宅直至湖岸。

車站西邊迷人的市集廣場(Market Square)是建築師、同時也是居民蕭(Howard Van Doren Shaw)親自設計，於1916年落成，為全美最早經過完善規畫的購物廣場之一，南北兩座造型不同的鐘塔也特別引人注目。廣場周遭有許多別致的商店與餐廳。車站本身以及東邊的教堂和圖書館也是相當有特色的建築物。

Foodstuffs

✉️ 255 East Westminster Avenue, Lake Forest | 📞 (847)234-6600 | http www.foodstuffs.com | 🕐 週一～六10:00～18:00，週日10:00～17:00 | ➡️ 位於森林湖市Market Square北邊的Westminster Avenue上

在伊利諾州北郊已經有超過20年歷史的Foodstuffs，熟食區供應的各式口味三明治是想簡單飽足一餐的好選擇(店內附有座位)。精美的食品禮盒為店內的主力商品。

阿瑪德伊蔬果店
Amidei Mercatino

✉ 235 Southgate, Lake Forest | ☎ (847)295-5890 | ⏰ 4～10月底週一～六09:00～17:00 | ➡ 位於森林湖市 Market Square正西側樓房的後巷

被我稱為「芝加哥最可愛、最歐洲」的蔬果店就坐落在一條不起眼的巷弄裡，開設於1990年，主人是來自義大利佛羅倫斯的阿瑪德伊Amidei(ah-mah-day-ee)一家人。別看它小小的，蔬果、花卉、麵包、果醬、罐頭種類還不少，而且貨源幾乎都來自鄰近地區，品質相當新鮮。阿瑪德伊家人對於經營蔬果店的用心，從老闆Ermanno彎腰擺設裝飾果籃的仔細態度就看得出來，他也曾在接受報紙訪問時說：「在這個年代與我這種年紀，要非常、非常、非常辛勤工作才能養家活口。但我就是樂此不疲。」他與女兒都很開心看到訪客帶著旅遊書前來，有機會可請問他們義大利哪裡好玩。

Six Flags Great America

✉ 1 GreatAmerica Parkway (Route 132), Gurnee | ☎ (847)249-4636 | http www.sixflags.com/greatamerica | ⏰ 5～10月(部分日期休息)10:30開園 | 💲 單日券約\$77.99起，季票約\$79.99起，網站提供優惠價(有手續費)，可趁感恩節折扣購入 | ➡ Waukegan站下車轉Pace公車565(週末有行駛) | MAP 拉頁地圖

六旗樂園是芝加哥附近最瘋狂刺激的主題樂園，這裡雲霄飛車種類繁多，樣樣都在挑戰遊客的膽量極限，另有水上樂園與適合親子的遊樂設施和表演活動。前來遊玩時，別忘了多帶件替換衣服。

▲ (圖片提供© 施秀哲)

人物介紹

美麗熱情的女老闆——
Mrs. Ruthie Amidei Palandri

阿瑪德伊之所以讓人一見鍾情，除了它的小市集風情，Ruthie的大眼睛和開朗活潑的個性，也彷彿南歐陽光一樣讓顧客們得到溫暖與關懷。她10歲開始就是爸爸Ermanno的得力助手。

用餐最愛：自己的手料理
出遊最愛：芝加哥植物園。(但Ruthie說，其實她最愛的地方還是自己家)

CTA Green Line

🚊 終站：最西到達Harlem／Lake

　　從市區搭乘綠線往西，沿途可以看到一些特別的景致，好比一出路普區後可以從北邊車窗觀賞芝加哥河分叉處Wolf Point，這裡可見Chicago Sun Times大樓所在地，和市級古蹟Chicago & Northwestern Railway Bridge；靠近Clinton站時可由南邊車窗看到Citicorp Center背面與鐵路連接的模樣。再往前行，列車會穿越高速公路Dan Ryan Expressway，而Morgan站附近是餐廳雲集的富頓市場，Google

也在此設立辦公室。當列車駛離Ashland站的時候可要注意了，待會在南方遠處將出現芝加哥公牛隊主場聯合中心(United Center)；Conservatory站是佳菲爾德公園(Garfield Park)與溫室植物園Garfield Park Conservatory所在地；最後，列車會來到Oak Park站，請在這裡下車，最大群的萊特作品就在橡樹園(Oak Park)，同時，這裡也是大文豪海明威的出身地。

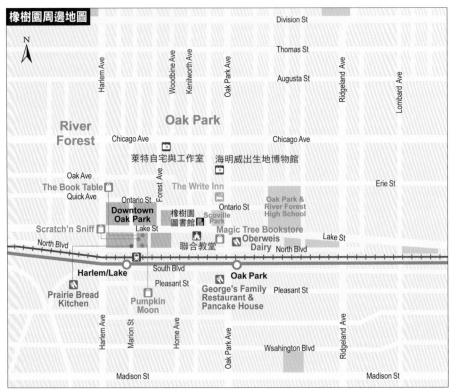

橡樹園周邊地圖

海明威出生地博物館
Ernest Hemingway's Birthplace Home Museum

✉ 339 North Oak Park Avenue | ☎ (708)445-3071 | http www.hemingwaybirthplace.com | ◷ 週三〜五、日13:00〜17:00，週六10:00〜17:00，每日最後導覽16:00 | 休 元旦、馬丁路德金恩紀念日、復活節、戰亡將士紀念日、國慶日、勞動節、感恩節、聖誕節12/24〜25、12/31 | $ 成人$15，18歲以下、大學生、65歲以上$13，10歲以下免費 | ➡ 綠線Oak Park站下車，出站後沿著Oak Park Avenue往北走約10分鐘 | MAP P.200

創作出《老人與海》等經典文學作品的海明威誕生於1899年7月21日，地點就在橡樹園的外公家一棟維多利亞式Queen Anne Style的房子裡。家庭與橡樹園的環境豐富了海明威的智識與心靈，也奠定了他在文學創作上的基礎。這一棟於1890年建造的房子裡保存了家族的用品、家具、照片等，4〜11月每月第三個週五還有藝文活動F@H，可以至官網查詢Events & Programs。

1.海明威博物館／**2.**海明威出生地客廳一景

聯合教堂
Unity Temple

✉ 875 Lake Street, Oak Park | ☎ 購票專線(312)994-4000 | http flwright.org，點入Tours→Unity Temple | 休 週日、元旦、感恩節、12/24〜25 | $ 1.專人室內導覽(45〜60分鐘)：成人$18，學生與65歲以上$15，3歲以下免費；2.另有自助導覽與週六深度導覽，請參考網站；3.為避免向隅，建議由網站預訂為佳(有手續費)，並於導覽前15分鐘報到 | ➡ 自Oak Park Avenue往北步行到Lake Street後左轉走一個街區 | 🏛 國家級古蹟 | MAP P.200

完成於1908年的聯合教堂是目前僅存由萊特設計的公共建築。萊特大膽地為教堂設計了方正厚重的外型與偏離大馬路的正門，為這個聚會場所營造出神聖與安靜穩固的感覺；禮拜堂小巧高雅，富有緊密聯繫教友的功能。2015年春天開始以兩年多的時間完成整修，也正在與其他萊特的建築一同申請聯合國世界遺產，是來到橡樹園絕對不能錯過的地方。

教堂對面的橡樹園圖書館(Oak Park Public Library)是建築事務所Nagle Hartray Danker Kagan McKay Penney與Perkins+Will合作的作品，這裡藏書豐富並有海明威檔案室。

1.聯合教堂／**2.**橡樹園圖書館

萊特自宅與工作室
Frank Lloyd Wright Home & Studio

✉ 951 Chicago Avenue, Oak Park｜☎ 購票專線 (312)994-4000。10人以上團體，請於30～60天前上網預約｜🌐 flwright.org，點入Tours→Home and Studio｜🕐 導覽時間每日10:00～16:00，禮品部(售票處)每日09:00～17:00｜休 元旦、感恩節、12/24～25｜💲 室內導覽(60分鐘)：成人$18，學生與65歲以上$15，3歲以下免費｜ℹ️ 1.另有歷史建築區(Historical Historical Neighborhood Walking Tour)與Wright around Oak Park等導覽活動，請參考網站；2.建議由網站預訂為佳(有手續費)。預購者請最晚於導覽開始前15分鐘報到｜➡️ 自Oak Park Avenue往北步行到Chicago Avenue後左轉走3個街區(約15～20分鐘)｜🏛 國家級古蹟｜🗺 P.200

這是22歲的萊特於1889年著手建造的自宅。爾後為了因應獨立開業的需要，又於1898年增建了工作室，在此展開早期20年的執業生涯。羅比之家、聯合教堂、巴赫之家等125棟建築就是這時期的作品。

萊特建築之美的特點在於他的作品總是能夠融入周遭的自然環境中；房屋本身恰如其分地端坐著，不譁眾取寵、卻令人意猶未盡。另一個特色在於他一手包辦所有室內裝潢；窗戶、檯燈不僅只是家具，也是藝術品，更帶出整體的和諧感與有機氣息。

遊客常會對狹窄的走廊與樓梯感到訝異，但是在走過這些通道後，又會對眼前的寬闊空間感到驚豔與興奮。這種柳暗花明又一村的設計常出現在萊特的作品中，不只是「讓形式符合需要」(Let form fits function)，也為房屋使用者增添了樂趣。

自宅旁邊的Forest Avenue也有許多萊特的作品，可以往南沿路欣賞走到橡樹園的主街Lake Street。

1.Chicago Avenue的參觀指標／2、3.萊特自宅外觀，窗戶與牆壁都透露出氣質／4.禮品部一隅／5.橡樹園Austin Gardens公園入口的萊特頭像

George's Family Restaurant & Pancake House

✉ 145 South Oak Park Avenue, Oak Park │ ☎ (708)848-4949 │ http www.georgesoakpark.com │ ⏰ 週一～六06:00～20:00，週日06:00～15:30 │ ➡ Oak Park站下車，沿Oak Park Avenue往南走約2分鐘 │ MAP P.200

George's於1984年開幕，主打美式與希臘料理。如果因為菜單的選項繁多而眼花撩亂，沒關係，服務人員會和善地幫你指點迷津。可以考慮來份由切塊牛肉炒洋蔥、青椒、蘑菇，佐以Mozzsarella乾酪、馬鈴薯煎餅，外加3顆蛋與吐司(或鬆餅、法國吐司三選一)的Mediterranean Skillet(如果吃得慢，為避免餐點涼了，可先告知希望哪一道餐先出)。料理手藝佳、供餐快速、價格合理是令人滿意的地方。

1.已拌過的Zorba the Greek Skillet／**2.**法國吐司趁熱吃

Pumpkin Moon

✉ 1028 North Boulevard, Oak Park │ ☎ (708)524-8144 │ http www.pumpkinmoon.net │ ⏰ 週二～六10:00～18:00，週日12:00～16:00 │ ➡ 綠線Harlem／Lake站下車後往西北走到North Boulevard │ MAP P.200

玩具是小孩的好朋友，也是大人的回憶之鑰。在Pumpkin Moon裡可以找到機器人、玩偶、80年代太空漫畫卡片、復古撲克牌和錫製看板(Tin Signs)等。姊妹店Scratch'n Sniff(✉ 120 N. Marion Street)則販賣寵物食品與用品、家居裝飾品、手錶以及孩童玩具。

1、2. Scratch'n Sniff販售TOKYOBay手錶與居家用品等／**3.**Pumpkin Moon有許多適合小孩的產品

The Write Inn

✉ 211 North Oak Park Avenue, Oak Park | ☎ (708)383-4800 | http www.writeinn.com | $ 淡季約$125起 | ➡ 位於Oak Park站北方，過Scoville Park即達 | 🔊 免費 | MAP P.200

這間家族經營的旅館成立於1926年，曾經是許多文人與藝術家居留的處所，之所以取名為Write Inn，除了因為與萊特和海明威等人的地緣關係外，還為了紀念發明飛機的萊特兄弟。旅館內蒐集了很多早期有關飛行的海報與骨董，有趣的是，現在的第二代老闆本身也是名航機師。家庭式套房有設小廚房。旅館內有家雅致的法式料理店：海明威小酒館(Hemmingway's Bistro)，也是不錯的用餐選擇。

Magic Tree Bookstore

✉ 141 North Oak Park Avenue, Oak Park | ☎ (708)848-0770 | http www.magictreebooks.com | 🕐 週一～四10:00～18:00，週五10:00～19:00，週六09:30～17:30，週日11:00～16:00 | ➡ Oak Park站出口沿Oak Park Avenue西側北走約3分鐘 | MAP P.200

社區有書店，愛書的大人小孩就有福了。創始於1984年的Magic Tree是以童書為主打的在地獨立書店，也有選書設立成人書區。店內採光良好，真的有顆大樹，也有不錯的紀念品。橡樹園還有一家高人氣書店The Book Table(✉ 1045 Lake Street)，書籍種類很多。兩家店各有特色也各有擁護者，都值得拜訪。

Oberweis Ice Cream and Dairy Store

✉ 124 North Oak Park Avenue, Oak Park | ☎ (708)660-1350 | http www.oberweis.com | 🕐 週日～四10:00～22:00，週五、六10:00～23:00 | ➡ 位於Magic Tree Bookstore斜對面 | MAP P.200

秉持「Simply the Best」原則的Oberweis是一家源自Aurora、以販賣新鮮牛奶起家的老店，產品品質與口味都深受顧客肯定。一般超市可見牛奶、蛋奶與巧克力牛奶，專賣店裡有冰淇淋、奶昔等令人垂涎三尺的乳製品。芝加哥市區裡，位於棕線CTA Willington站與Belmont站之間(✉ 3055 North Sheffield Avenue)，也有分店，營業時間也是每日10:00起。

Railway—Metra & CTA

令人難忘的奇胡立玻璃展

玩家交流

　　記得某年1月友人來訪，當時奇胡立玻璃展也正熱鬧舉行，於是促成首次拜訪加菲爾德公園溫室的經驗。在冰天雪地的時節來到溫暖又綠意盎然的溫室，感覺非常舒服，搭配奇胡立狂放鮮豔的創作，更覺不虛此行。查詢奇胡立網站www.chihuly.com，就可以知道這位美國奇才的作品目前在哪裡展出喔！

佳菲爾德公園溫室植物園
Garfield Park Conservatory

✉ 300 North Central Park Avenue │ ☎ (312)746-5100 │ http www.garfieldconservatory.org │ ◎ 溫室與City Garden每日09:00～17:00，週三延長至20:00 │ 休 感恩節、12/24、12/31 │ $ 免費。特展與特別活動期間鼓勵自由奉獻 │ ➡ 綠線Conservatory站，植物園位於車站西北角 │ ℹ 10人以上團體需事先登記，請最晚於一週前致電(773)638-1766 │ ⁉ 過往此區的治安並非很好，基於安全考量，建議直接進入參觀 │ MAP 拉頁地圖

　　西元1906年，建築師金森(Jens Jensen)以放置在平原上的乾草堆為意象，設計出這座素有「玻璃下的造景藝術」之稱的美麗溫室。內部空間寬廣，有棕櫚、天南星科、蕨類等植物，還有寓教於樂的兒童園區、漂亮的季節花卉展，以及穿插其中的藝術創作。玻

璃藝術家奇胡立(Dale Chihuly)曾在此舉辦展覽，目前波斯水池(Persian Pool)裡還保留他的黃色蓮花葉。從沙漠園區走到戶外即進入了City Garden，這裡視野優美，南側有水塘，北側有片高低起伏的草地，頗帶遺世的寧靜味道。園方與社區聯盟致力於社區活動與教育推廣，也因此曾於2012年獲頒全美「博物館與圖書館服務國家勳章」的殊榮。

聯合中心
United Center

✉ 1901 West Madison Street | ☎ (312)445-4500 | http www.unitedcenter.com | ⏰ 非活動日：每日10:00～18:00，活動日：每日10:00～活動結束後1小時 | ➡ 位於Ashland站西南方約1公里處，但如需從市中心搭乘公共交通工具前往，建議由路普區Madison Street沿途搭乘公車20(球賽日另有快捷公車19)較為安全便利，可直達球場，回程亦可就近於Madison Street候車 | MAP 拉頁地圖

聯合中心落成於1994年，是NBA芝加哥公牛隊與NHL芝加哥黑鷹隊的主場，球場占地廣闊，座位數量眾多，也會舉辦演場會或大型活動。從球場東半側入口(Gate 3、4、6)進入，即可見大廳有座總高21英呎(約6.4公尺)的麥可喬丹(Michale Jordan)雕像，這座展現他經典灌籃英姿的塑像，是1994年11月為紀念他的23號球衣退休所製作。

旅行小抄

綠線Damen站

綠線預計在2020年啟用Daman站，屆時球迷們搭地鐵看球賽就更方便了。這座由Perkins+Will設計的玻璃帷幕車站很令人期待，相信從車站眺望市區天際線景色應該不錯。

但在那之前，從市中心出發的人不妨考慮搭乘20號公車來聯合中心(早一點上車較不擠人)，不只可沿途看West Madison Street街景，也能找哪裡有人氣餐廳(如知名的義式料理Monteverde就在路上)。

商品販售店Madhouse裡有兩支球隊的商品與紀念品，餐飲方面也力求跟上潮流，進駐的店家都是近年頗為熱門的芝城餐廳，也可喝到The Dark Matter的咖啡。

1.聯合中心商品販售部位於Madison Street的入口／2.東半側大廳，牆上可見活動廣告的跑馬燈／3、4、5.Madhouse裡不只有商品，還有一節CTA車廂／6.喬丹雕像

富頓市場
Fulton Market

富頓市場：
➡ 位於Morgan站周邊，北至Hubbard Street，
南至Washington Boulevard，東至Halsted
Street，西至Ogden Avenue
Little Goat Diner：
✉ 820 West Randolph Street ｜ ☎ (312)888-3455
｜ http littlegoatchicago.com｜🔲本篇其他介紹餐廳
都在Little Goat Diner附近｜MAP 拉頁地圖

提到富頓市場，老芝加哥人會告訴你這裡從19世紀中就是繁忙的肉品包裝工廠區，芝城會有美國「豬肉與牛肉中心都市」的稱號，就是因為當時在西路普區West Fulton Street，以及負責生產(屠宰)肉品的Randolph Street這一帶之故。

時至今日，富頓市場幾乎已不再是肉品工人、貨車司機的出入處，這個大多數5層樓高、樓層面積寬闊的紅磚工廠區，已搖身變成城裡最in的一級美食區，讓名廚們落腳的原因除了環境、租金、交通，最大原因應該還是人潮：Google Chicago在2015年底將辦公室遷移至1K Fulton Building，麥當勞全球總部也於2018年6月從北郊Oak Brook南移至此——科技新貴與白領階級會是富頓市場周邊未來的面貌。

人氣餐廳包括麵包坊06:00開張、餐廳07:00營業的Little Goat Diner，建議提早至官網預約，省下候位時間；La Colombe、Swada Coffee也是早餐好去處。不能不知道的西式餐廳有The Publican、Au Cheval、Girl & the Goat、Swift & Sons，亞洲料理則有Duck Duck Goat、Momotaro等等。想喝雞尾酒？The Aviary或Prairie School都會讓你印象深刻。

旅行小抄

大名鼎鼎的山羊餐廳

Girl & the Goat、Little Goat、Duck Duck Goat，這3間名字裡都有Goat的餐廳，是名廚史蒂芬妮艾札德(Stephanie Izard)的名店。1976年生於芝加哥，艾札德受到父親鼓勵，於密西根大學社會學系畢業後轉攻廚藝學校，2008年成為Bravo頻道《Top Chef Show》首位奪冠的女廚師，自此鋒芒展露，2013年贏得James Bread Foundation五大湖區最佳主廚，2017年更摘下《Iron Chef Gauntlet》節目的料理鐵人桂冠。而為何她對山羊情有獨鍾？因為Izard在法文指的是庇里牛斯山的一種山羊。她曾到過台北，對於台灣街頭食物留下深刻印象，也因此在Duck Duck Goat也吃得到她的台式滋味。

路線 ❺
CTA Brown Line

🚇 終站：最西到達Kimball

棕線地鐵從Kimball出發，進入路普區的第一站是 Washington/Wells，接著以反時鐘方向運行，最後從 Clark/Lake離開路普區，搭乘時記得要站對月台。離開路普後，從Diversey站至 Montrose站之間是活力十

足的湖景區(Lakeview)，除了Armitage站(見P.142)，Belmont、 Southport、Paulina等站都有好吃、好玩、好買的店家，離瑞格里球場也不遠，很適合安排在同日旅程裡。

貝爾蒙特街
Belmont Avenue

➡ 棕／紅線Belmont站下車，出站即是 ｜ 🗺 P.15-A2

貝爾蒙特街是條東西向的商業街道，往西一路可達Belmont Harbor。看過了閃亮亮的市中心，或Armitage站那些已改成大片玻璃窗的亮麗店家，再來到這條街道，或許會覺得這一帶的房子略顯樸實，但白天走在這條街上反倒有鬧中取靜的愜意。

這一帶素以大小戲院與夜生活聞名。緊鄰車站東南側的ComedySportz Chicago是始營業於1987年的即興表演劇場(演出通常在週四～六晚間8點)，也提供表演教學，是適合闔家同歡的娛樂場所。車站西北側的舞廳Berlin Club，是自80年代就定位要讓所有人都能在此享受DJ音樂自在交際，變裝秀與每個月第一個週日夜晚的「Madonna-Rama」都很受歡迎。

想要精進精氣神的人，不妨考慮到Berlin西邊不遠的日本文化會館Japanese Culture Center學習日本武術與文化，課程多樣，包括合氣道、書道、日語、防身術等。想念日式飲食？Belmont站西側有家窗明几淨、口味不錯的弦拉麵 Strings Ramen(🕐 每天11:00～00:00)，可以讓你吃到熱呼呼拉麵與日式小點。

Railway–Metra & CTA

208

Bittersweet Pastry Shop & Cafe

✉ 1114 West Belmont Avenue | ☎ (773)929-1100 | http www.bittersweetpastry.com | 🕐 週二～五07:00～19:00，週六08:00～19:00，週日08:00～18:00 | ➡ Belmont站下車沿Belmont Avenue，靠北側人行道往西走約5分鐘 | MAP P.15-A1

近年在芝城，法式甜點(French Pastry)店家逐漸增多，若問起這波風潮從何而起，答案應該會指向有著「最佳自學法式糕點師傅」之稱的茱蒂康提諾(Judy Contino)。Bittersweet是她於1992年創立，2015年她將經營交給繼任主廚明蒂戈兒(Mindy Gohr)，好看又美味的小點心、招牌蛋糕與婚宴蛋糕，讓店裡生意門庭若市。外帶者若逢人潮，進門記得先索取外帶號碼牌(拿完後可以先看櫥櫃想好要點什麼)。歐式早午餐也很受歡迎。

Dark Matter Coffee
(Osmium Coffee Bar)

✉ 1117 West Belmont Avenue | ☎ (773)360-7553 | http www.darkmattercoffee.com | 🕐 每日06:00～21:00，元旦、感恩節、聖誕節營業店時間詳見網站 | ➡ 位於Bittersweet對面 | MAP P.15-A2

這家店是我與暗物質咖啡的第一次接觸，一杯簡單的當日咖啡，用著印上金色店招的厚實馬克杯盛著，入口即讓我眼睛一亮，這只花$3銅板所獲得的美好與用心，足以讓人開心一整天，更何況還播放著好聽的音樂，曲風年輕卻不過於重口味。店面內外有些詭譎的牆壁彩繪，是由藝術家傑森布拉莫(Jason Brammer)操刀。點杯咖啡坐下來，享受一下這裡的友善環境吧。

Chicago Comics

✉ 3244 North Clark Street │ ☎ (773)528-1983 │
http www.chicagocomics.com │ ◐ 週一、二、四、
五12:00～20:00，週三、六11:00～20:00，週日
12:00～19:00 │ ➡ Belmont站往西走至Clark
Street，轉往北走約2分鐘 │ MAP P.15-A1

被Foursquare網站評比為芝城15大漫
畫店之首的Chicago Comics，店內空間頗
大，漫威漫畫、星際大戰相關產品、圖
像小說、大小公仔等林林總總，但分類
清楚，很容易就能找到想要的物件。店
家長期支持在地創作者，設置了Chicago
Artists區，可以看到年輕創作者自掏腰包
印製的作品，不失為在旅途中蒐集Make
in Chicago紀念品的一種選擇。Chicago
Comics往北走，位於Aldine Avenue街口有
家人氣不錯的餐廳Hutch American Bistro，
每日10:00～15:00提供早午餐，之後有
Happy Hour小酌時段，17:00起提供晚餐。

Real Good Juice Co.

✉ 3548 North Southport Avenue │ ☎ (708)740-
4254 │ http www.realgoodjuiceco.com │ ◐ 週一～
五07:00～20:00，週六～日08:00～19:00 │ ➡
Southport站沿西側人行道往北走約6分鐘(接近
Addison Street) │ MAP P.15-B1

提倡追求健
康的飲食，並
與在地農場契
作新鮮蔬果的
Real Good Juice
Co.，於2014年

從Old Town起家，兩年後在Southport開
了第二家分店，把處於半個地下層的1樓
店面，改裝成具有整面玻璃窗與3層階梯
座位的空間，搭配刷白的磚牆，與一大片
五顏六色的果汁菜單，整間店充滿明亮朝
氣，就算雨天來也有一掃陰霾的感覺。

果汁採用冷壓處理(Cold Pressed)，奇怪
的名字底下都有列出內容物，若是不知
該如何選擇，可以把個人喜好(例如不要
太甜或太酸)告訴店員，就能得到建議。
以杏仁奶(Almond Milk)為基底的奶昔和
冰淇淋Noyo Froyo也是人氣勝品，另外還
有酪梨吐司與水果冷盤沙拉。椰子優格
(Coconut Yogurt，右下圖)也會讓人感到心
滿意足。

南港購物街
Southport Corridor

➡ 位於Southport站，南至Henderson Street，北至Byron Street ｜ MAP P.15-B1

棕線Southport站前的大馬路就是Southport Avenue，出站後往右朝北一路走至Addison Street是這條社區型購物街的重點地帶。有Free People、Anthropology等講求自在風格的服飾店，另也有從電商起家、講究質感的男裝BONOBOS，設計師Kendra Scott的同名珠寶飾品店，以及私人精品店如Krista K. Boutique等。

其中，Anthropologie的服裝，華麗中帶著浪漫，很受女性歡迎。店面接近Addison Avenue，寬廣的展示場容納多樣的服飾、配件、餐具、浴室與寢具用品，過季商品區也有許多好貨可挑選。

運動風當道的這個年代，有瑜伽界精品之稱的lululemon運動休閒服飾，以及芝加哥在地經營的跑步訓練與配件店Fleet Feet等也都搶進這一區。若覺得光從服飾著手還不夠，不妨考慮到State Street Barbers或Basics Salon剪個有型的頭。往

北至門牌3733號，這裡是老電影院Music Box Theatre，1929年從播放有聲片(Sound Picture)開始，近年則以播放獨立製片、外國電影為主。

1.BONOBOS男裝店／**2.**Kendra Scott的飾品店，在捷運站出口的右前方／**3.**Free People風格較為俏麗／**4**、**5**、**6.**Anthropologie商品種類很多

Amazon Books

✉ 3443 North Southport Avenue | 📞 (773)472-9400 | 🕐 週一～四10:00～21:00，週五延長至22:00，週六09:00～22:00，週日09:00～19:00 | ➡ Southport站沿東側人行道往北走約2分鐘 | MAP P.15-B1

▲這是首家擁有獨立店面，而非開設在大型購物商場裡的亞馬遜實體書店

當電商龍頭亞馬遜宣布要在西雅圖開設首家實體書店時，立刻造成市場上的一波話題與討論，而2017年他們來到Southport開設芝城分店前，也引發了城裡獨立書店的緊張與結盟，不希望在地書店的經營受到影響。

店裡依網路讀者評分、芝城最暢銷等大數據分類來陳列書籍，提供讀者選購的參考，如果是該公司App用戶，也能直接掃描書封查看售價，進行網路下單或店內結帳。店內另有亞馬遜電子設備展示區及咖啡區。如果你也跟我一樣心存好奇，不妨來逛逛。

Julius Meinl

✉ 3601 North Southport Avenue | 📞 (773)868-1857 | http www.meinlus.com | 🕐 每日07:00～20:00 | ➡ Southport站沿東側人行道往北走至Addison Stree街口，約7分鐘。或是從紅／紫線Addison站沿Addison Street往西走約10分鐘(亦可轉乘公車152) | MAP P.15-B1

◀Black Forest Cake是由櫻桃和巧克力組合而成的「大人味」甜點

以頭戴傳統土耳其氈帽(Fez，紅帽加上黑色流蘇)小男孩為招牌的Julius Meinl(ju-li-es my-nl)是來自維也納的百年咖啡店。1862年，自鄉下到維也納發展的少年Julius Meinl嗅到市場對於新鮮烘焙豆的需求，開始了他的小生意；1891年，烘焙工廠於十七世紀末土耳其人留下咖啡豆的遺址成立，而這也是1924年紅帽小男孩商標出現的背景。

這間位於瑞格里球場附近的店是全美第一家，生意相當不錯。菜單分類主要為茶、咖啡、早餐、點心、沙拉、三明治、與發酵麵團吐司搭配煙燻鮭魚等餐。早餐供應到15:00，有司康(推薦Bacon-Cheddar Scone)、班尼迪克蛋、自家調配Granola(由燕麥搭配堅果的食品)等；也別錯過甜點。

Chicago Music Exchange

✉ 3316 North Lincoln Avenue │ ☎ (773)525-7773 │ http www.chicagomusicexchange.com │ ⊙ 週一～六11:00～19:00，週日11:00～17:00 │ ➡ Paulina站，沿Lincoln Avenue往南走約3分鐘

樂壇明星Sting、Johnny Deep、Adele等曾到訪過的CME，是玩樂器的人不可錯過的名店。無論是吉他、Bass、爵士鼓或其他樂團表演需要的配備都有販售。展示空間很大，樂器繁多，新品與二手都有，地下室也有維修站。

Dinkel's Bakery

✉ 3329 North Lincoln Avenue │ ☎ (773)281-7300 │ http www.dinkels.com │ ⊙ 烘焙坊週二～五06:00～19:00，週六06:00～17:00，週日08:00～16:00，Cafe供餐週二～六07:00～15:00，週日08:00～15:00(午餐10:00起) │ 休 週一 │ ➡ Paulina站，沿Lincoln Avenue往南走約2分鐘

由 德國南巴伐利亞移民喬瑟夫汀克(Joseph K. Dinkel)所開設的麵包店，歷經4代經營，到2022年就屆滿100歲了。

這家以粉紅色烘焙師傅手拿烤盤為logo的店，有社區老店的和氣氛圍，週間下午人潮不擁擠，但還是要排隊耐心等待，窗邊Cafe用餐區也有人獨自閱讀，享受安靜午茶時光。德式麵包種類多樣，也有小孩餅乾和家常巧克力蛋糕等。店內最有名的是德國耶誕長糕(Stollen，以白麵粉皮裹乾果，外撒白糖霜)，可以網購，國內、海外皆可達。

South Shore Line

🚉 終站：印第安那州南灣機場(South Bend Airport)

http www.nictd.com

ℹ️ 1.芝加哥市區到南灣單程車資$13.5，車站票口接受現金或刷卡，亦有自動售票機；2.抵達後可利用計程車(Uber或Lfty)或單日租車。南灣機場交通資訊，可參考flysbn.com/transportation/taxi-train-bus；3.南灣屬美東時區(Eastern Time)，終年比芝加哥提早1小時

South Shore Line是溝通芝加哥和北印第安那州沿湖城鎮的重要交通工具，自Millennium Station到南灣(South Bend)所需時間大約為2.5小時，沿途會經過印第安那沙丘公園(Indiana Dune Park)，以及另外一家Premium Outlets®所在地密西根市(Michigan City)，最後來到南灣機場，全美最優秀的天主教大學聖母大學(University of Notre Dame)就近在咫尺。

南灣過去是車商史都貝克工廠所在地，其車輛種類多樣，也成了現代所謂的骨董車，可透過博物館一窺輝煌歷史。此外，位於市中心的南灣巧克力公司(The South Bend Chocolate Company，✉ 3300 West Sample Street, South Bend)有許多特色商品和餐飲部，值得一逛。

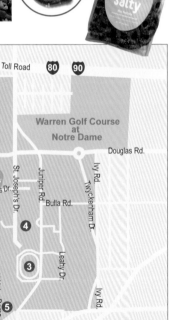

聖母大學地圖

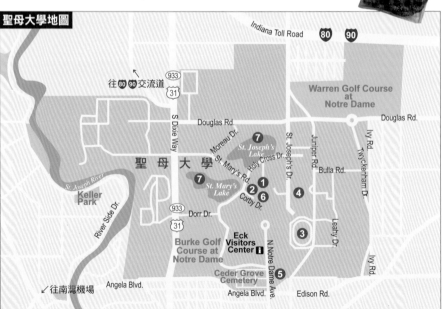

聖母大學
University of Notre Dame

✉ www.nd.edu | ➡ 1.直接在南灣機場搭乘計程車進入校園，車程約15分鐘；2.在機場搭乘Transpo 4號公車到South Street Station轉乘7號公車進入校園，Transpo(www.sbtranspo.com)車資$1，1日票$3，但週日不營運；3.足球賽日校園內有載客服務，可查詢gameday.nd.edu(選擇Transportation) | ⁉ 球賽日只能帶透明包包進場，可拿在手中的錢包(尺寸不超過11.4cm x 16.5cm)亦可通行

Eck Visitors Center遊客中心： | 📞 (574)631-5726 | 🕐 週一～五08:00～17:00，週末12:00～16:00；提供校園導覽，時間為週一～五10:00起，梯次依月份而異，請上網查詢Eck Visitors Center | 🗺 P.214

以尊稱聖母瑪利亞為名的Notre Dame (意即Our Lady)立校於1842年11月底，創立者為時年28歲的法國神父索林(Edward Sorin)與7名同伴。聖母大學校風純淨，師資優良，大學部新生有7成是學業成績前5%的高中畢業生。是公認的天主教大學首選，也是U.S. News & World Report等評鑑機構評比的全美最佳高等教育機構前25名。Wall Street Journal更將之表彰為「新長春藤聯盟」(New Ivies)之一，並列有西北大學、杜克大學(Duke University)與約翰霍普金斯大學(Johns Hopkins University)。前美國國務卿萊絲(Condoleezza Rice)於1975年以21歲的年紀在此取得政治學碩士。

聖母大學的聲望並不只建立在學術成就上，美式足球校隊Fighting Irish自1887年成立至2012年共拿下11座全國冠軍，培育出多名全美最佳業餘美式足球員(All-Americans)，以及7名海斯曼獎(Heisman Trophy)得主(該獎旨在表揚年度最佳大學美式足球員，與Walter Camp Award、Maxwell Award並列3大大學足球員桂冠)。球賽舉行期間，全校熱鬧非凡，許多球迷更是不辭遠道而來。

▶ (圖片提供© 黃義方)

▶ (圖片提供© 黃義方)

★校內景點

❶ 行政大樓(The Main Building)

　　為創校時期的主建築，曾於1879年4月遭祝融燒毀，但在索林神父興學的堅強意念下，募集到300多名支持者胼手胝足趕工重建，最後得以在該年秋季迎接新學期到來。莊嚴的聖母瑪利亞雕像與閃耀的金色圓頂為其特徵，從遠處即可看見。

❷ 石窟聖堂(The Grotto)

　　石窟聖堂是教徒們點燭禱告的地方，大考前也常見學生蹤跡。它因著南法露德馬撒比耶石窟(Grotto of Massabielle at Lourdes)而來。相傳1858年聖母瑪利亞於該址18次向名為Bernadette Soubirous的年輕鄉下女孩顯靈，女孩依著瑪利亞的指示在石窟內掘到具有療癒神效的泉水，並遵照約定請本堂神父建立聖殿，她後來被尊為聖伯爾納德(St. Bernadette)，馬撒比耶石窟也因此成為人們景仰的聖地。

❸ 聖母大學足球場(Notre Dame Stadium)

　　Fighting Irish主場，可容納80,795人。Fighting Irish的主要勁敵為鄰近的密西根大學Wolverines、密西根州大Spartans、普渡大學Boilermakers、海軍學院Midshipmen與南加大Trojans。全美大學美式足球賽於每年9月開始，12月進行季後賽，直到隔年1月結束。聖母大學在4月中也會舉辦藍金足球賽(Blue-Gold Game)，這個校內足球員的春季對抗賽可是行之80餘年的校園傳統。有關聖母大學賽事的購票資訊請上 http www.und.com/tickets。

旅行小抄

Fighting Irish球賽日

　　球賽日的時候，有些球迷會先在停車場烤肉聊天，等到開賽前半小時，再到球場北側入口列隊歡迎啦啦隊、愛爾蘭衛兵與陣容龐大的樂隊Band of the Fighting Irish入場。聖母大學的代表色為藍色和金色，而吉祥物是穿著綠衣綠帽的小妖精Leprechaun，所以球迷們也會穿上和這三個顏色有關的服飾來為球隊加油。

Railway—Metra & CTA

❹ 赫斯柏圖書館 (Hesburgh Library)

圖書館以1987年退休的前校長Hesburgh神父為名，內有藏書300萬冊。大樓正面名為《生命之語》(The Word of Life)的10層樓高馬賽克拼貼是由來自16國以及全美數州的7,000多片石磚所組成，其上繪著聖人、智者與耶穌基督。由於耶穌基督就正好在足球場北側射球門柱後，狀似裁判地高舉著雙手，因此也有「Touchdown Jesus」的暱稱。

❺ 蒂巴托羅表演藝術中心 (Marie P. DeBartolo Performing Arts Center)

✉ 100 Performing Art Center, Notre Dame | http www.performingarts.nd.edu | 🕐 週一～五12:00～18:00

落成於2004年9月，為1932年畢業生Edward J. DeBartolo與其子嗣送給學校與普羅大眾的高水準表演殿堂。15萬平方呎大的中心內有177個大小空間，包括管風琴與詩歌表演廳、演奏廳、表演劇場、

電影劇院、以及影劇系上課的教室等。紐約愛樂、捷克交響樂團、莎翁劇團都曾來訪。

❻ 聖心堂 (Basilica of the Sacred Heart)

位於行政大樓旁的聖心堂是校園禮拜堂，也是南灣的堂區教堂，1870年開始歷時20年才興建完成。尖塔標高230呎為校園至高點，據說是1892年一位當地木匠以孩子的學費為酬所奉獻的結晶。新哥德式建築裡的美麗壁畫與天花板出自梵蒂岡畫家葛瑞格利(Luigi Gregori)之手，彩繪玻璃則是十九世紀法國Le Mans地區加爾默羅修會修女所設計，由於同時期的歐洲教堂多遭到世界大戰襲擊，使得這些留在聖心堂的玻璃更顯珍貴。入內參觀時請輕聲細步，也請用眼睛和心靈感受聖潔的氣氛。

❼ 聖瑪利湖與聖約瑟夫湖 (St. Mary's Lake & St. Joseph's Lake)

校內的兩座美麗湖泊，有天鵝棲息，氣氛寧靜。

提皮卡諾伊宅邸餐廳
Tippecanoe Place Restaurant

✉ 620 West Washington, South Bend, IN | ☎ (574)234-9077 | http www.tippe.com | ◎ 週日早午餐10:00～14:00、晚餐16:00起。週二～五午餐11:30～14:00、晚餐17:00起。週六午餐11:30～14:00、晚餐16:30起 | 休 週一 | $ 午餐約$10起，晚餐約$22起 | ➡ 位於南灣市區(機場東南方約3.8英哩)，Washington Street與Taylor Street交界 | 🏛 國家級古蹟

　由建築師柯布(Henry Ives Cobb)為馬車製造商史都貝克(Clem Studebaker)所設計的仿羅馬復興風格石牆豪宅。1889年2月完工但卻在10月遭遇祝融，前後耗資約$45萬，從當時於南灣租賃一間不錯的房子約每月$12，即可看出其資產之雄厚。史都貝克在20世紀初跨入電動車與汽車生

▲出自芝加哥木雕師父之手的翼之獅(Winged Lion)

產，成績亮眼，但受到經濟大蕭條重創，繼承者於1933年申請破產並出售宅邸，也因此日後這裡曾為社福學校機構等，直到1980年後轉變成宴會餐廳。

史都貝克國家博物館
The Studebaker National Museum

✉ 201 Chapin Street, South Bend(入口處在895 Thomas Street) | ☎ (574)235-9714 | http www.studebakermuseum.org | ◎ 週一～六10:00～17:00、週日12:00～17:00(最後售票16:30) | $ 成人$10，60歲以上長者$8.5，6～17歲學生$6，5歲以下兒童免費 | ➡ 從提皮卡諾伊宅邸餐廳沿著West Washington Street往西走，到Chapin Street左轉往南，遇到Thomas Street右轉往西，步行約6分鐘

　史都貝克汽車公司於二次大戰後東山再起，但面對高成本與競爭對手的低價策略影響，最後於1967年熄燈，目前還存在的車子也成了車市裡的骨董車。為了紀念這段南灣的汽車工業發展史，史都貝克國家博物館於2005年成立，收藏約120輛的

車，包含37輛史都貝克公司於1966年捐給南灣市的私藏品。

TRAVEL INFORMATION
實用資訊

芝加哥旅遊黃頁簿

Travel in Chicago

遊客在行程上所需要的所有資訊盡皆囊括其中，讓行程規畫得更為完整，確保旅遊的平安與舒適。

前往與抵達
DEPARTURE & ARRIVAL

簽證

美國旅遊簽證相關辦理事宜，請至美國在台協會網站查詢。

🌐 www.ait.org.tw(簽證→非移民簽證)

台灣於2012年10月2日加入美國的免簽證計畫(Visa Waiver Program，簡稱VWP)，符合資格的台灣護照持有者，無需簽證可入境美國從事觀光或商務達90天。詳情可參考美國在台協會網站「非移民簽證」網頁。請注意，美方聲明，無論是持有簽證或符合免簽證計畫資格者，在入境美國時移民官仍有權拒絕外國人入境。

1. 持有效期6個月以上的中華民國電子晶片護照者，欲入境美國不超過90天，需至少在入境前72小時，透過旅行授權電子系統(ESTA)申請免簽證入境美國。

2. 可透過代辦網站代為提出ESTA申請，會收取額外費用，且可能個資外流，建議直接至美國海關及邊境保護局(CBP)網站申請(🌐 esta.cbp.dhs.gov/esta/esta.html)。進入網站後，先在右上角變更語言，選擇「中文」，再點擊「新申請」(New Application)欄框。請先閱讀下方相關規定，確認資格，再點擊「個人申請」(Individual Application)欄框；家庭多人申請，點擊「團體申請」(Group of Applications)。以護照資料為準填寫申請資料，星號「*」是必填欄位。填完送出後，記下申請號碼，以利追蹤。網路付款完成後，可再確認申請狀況。

3. ESTA只適用符合免簽資格的申請人。非移民因其他原因赴美時間超過90天

者，需填寫DS-160表申請非移民簽證。需要申請哪種簽證，可至美國在台協會網站「非移民簽證服務」頁面查詢。

4. ESTA授權許可的有效期限通常是兩年，或護照有效期，以二者較早者為準。換新護照、更改姓名或國籍者須重新申請。哪種狀況須重新申請，可點入ESTA的「協助」(HELP)欄位查詢「常見問題」(Frequently Asked Questions)。

全球入境計畫

美國開放台灣護照持有人加入全球入境計畫(Global Entry，GE)，通過審核者，入境美國時可利用GE自助式查驗電子通關設備，免排隊快速通關。申請流程如下述：

Step 1 申請「警察刑事紀錄證明書」：有戶籍之中華民國國民須先至各縣市警察局申請「警察刑事紀錄證明書」（良民證），證明期間須為「全部期間」。

Step 2 登錄及繳費：於「警察刑事紀錄證明書」核發日期起1年內，至「全球入境計畫」網站登錄申請資料及繳費(http http.cbp.dhs.gov)。

Step 3 預約面談：CBP通知申請人通過個人資料審查後，申請人須至GOES網站預約面談時間，並至美國CBP註冊中心接受面談。面談通過後，將取得5年資格。

Step 4 每兩年複查：CBP於GE會員資格有效期內，每兩年重新檢視會員是否符合「全球入境計畫」之低風險旅客資格，若拒絕或未通過審查，將喪失會員資格。詳情請見美國在台協會 http www.ait.org.tw/zhtw/global-entry-zh。

美國在台協會辦事處

台北辦事處(申請簽證的地點)
✉ 台北市大安區信義路三段134巷7號
☎ (02)2162-2000
高雄辦事處
✉ 高雄市前鎮區成功二路88號5樓
☎ (07)335-5006

航空公司

長榮航空有芝加哥直航，其他航空公司皆需轉機(如有異動，請以航空公司公告為準)。

長榮航空 http www.evaair.com
全日空 http www.ana.co.jp
聯合航空 http www.united.com
國泰航空 http www.cathaypacific.com

貼心提醒：長榮航空回程抵達桃園是一大清早(可能會比表訂時間更早降落)，如需搭大眾交通工具至台北或其他城市，客運最早營運(約05:00之後)，機捷要接近06:00才開始。

海關

下機前先填入關表格(I-94表格與海關申報表)。如在海關被要求先利用自助式電子通關設備登記，該設備可選擇語言，依指示掃描護照、壓指紋與拍照，列印出單據後，就可排隊待查。

政府單位

駐芝加哥台北經濟文化辦事處
(Taipei Economic and Culture Office in Chicago)

✉ 55 West Wacker Drive, Suite 1200
☎ 總機(312)616-0100，護照(312)297-1301
http www.taiwanembassy.org/uschi
⊙ 週一～五09:00～17:00
MAP P.13-C1

機・場・與・交・通
TRANSPORTATION

機場

芝加哥主要有兩大機場，一為在西北郊區的歐海爾國際機場(O'Hare International Airport，代號ORD)，另一是西南郊區的中途國際機場(Midway International Airport，代號MDW)。歐海爾機場共有1、2、3、5四個航廈，一般從亞洲直航歐海爾會在第5航廈International Terminal入關，出關則視航空公司而異。

機場網站 http www.flychicago.com

機場捷運與巴士

CTA捷運

http www.transitchicago.com

往返機場與市區最便捷的大眾交通工具是CTA捷運(Chicago Transit Authority)。但如果行李多，建議搭乘小巴會比較方便並可直接抵達各大旅館(因為有些CTA捷運站沒有電梯)。

■從ORD進市區

從歐海爾機場搭乘CTA藍線到市區大約45分鐘。1、2、3航廈各有停靠站，第5

▲(左)歐海爾機場Airport Transit System車站；(右)歐海爾機場CTA車站

▲Airport Transit System與機場聯外道路

航廈出關者則必須先搭乘Airport Transit System到第3航廈，依指標前進，再搭乘停車場裡的電梯，出來後沿著通廊抵達CTA捷運站。CTA藍線每日24小時行駛。

■從MDW進市區

從中途機場搭乘CTA橘線到市區約30分鐘，請沿著指標前往。捷運站營運時間：週一～五03:30～01:05，週六04:00～01:05，週日與假日04:30～01:05。

▲(左)CTA藍線LaSalle站往機場的標示(to O'Hare)；(右)中途機場CTA橘線車站

■CTA閘門票機支付方式

捷運閘門票機接受的支付方式如下：

1. CTA車票Ventra Card：可於購票機使用紙鈔、硬幣或信用卡(Visa、Master、AE與Discover)購買。

2. Pay-As-You-Go：直接使用具有•))標誌的銀行信用卡。

3. 行動支付：可使用 Apply pay、Google pay、Samsung pay 等3種。

■搭CTA進城票價與選項

1. 歐海爾機場：＄5，在機場購票機可選擇「歐海爾機場單次票」(CTA Single-Ride Ventra Ticket at O'Hare)，啟用後2小時內可享3次搭乘CTA捷運或巴士。

2. 中途機場：＄2.5，在機場購票機可選擇「CTA單次票」(CTA Single-Ride Ventra Ticket)，啟用後2小時內可享3次搭乘CTA捷運或巴士。

3. 若抵達當日會多次搭乘CTA，可選擇購買「1日票」(1-Day Ventra Ticket)。其他CTA票卡介紹見P.223。

▲CTA購票機

Go Airport Express

☎ (888)284-3826

🔗 www.airportexpress.com

　　Go Airport Express為民營機場接駁小巴，兩個機場都有服務，適合有大件行李或行李多的旅人，若目的地在郊區，或想直接到校園也很方便。可上網預訂。

芝加哥交通工具

🔗 www.rtachicago.com

　　Regional Transportation Authority (RTA)，掌管CTA、Pace與Metra三大公共交通系統。

捷運

🔗 www.trainsitchicago.com

於首頁Travel Info：

1. 點選Brochures：可事先將CTA System Map存檔或列印

2. 點選CTA Bus Tracker或CTA Train Tracker：可及時掌握巴士或捷運班次到站時間

　　CTA捷運共有藍、紅、綠、橘、棕、紫、黃、粉紅等8線。除藍線與紅線捷運24小時行駛外，其餘平日約04:00～01:00，假日則分別另有運行時間。上下班的尖峰時間車次較一般時段與假日為密集。

貼心提醒：

1. 紫線快捷(Purple Line Express)僅在尖峰時段行駛，出了路普區之後會直達Howard站，搭乘時需特別注意。

2. 並非每個捷運站都有電梯設施。

3. 有些出入口是旋轉閘門(會顯示Narrow Entrance)，大件行李、腳踏車、嬰兒車無法通過，須使用其他出入口。

公共巴士

市區巴士與捷運一樣都是由CTA經營，巴士路線號碼由1～206。郊區巴士為Pace Bus(路線號碼208以上)。CTA公車路線可自CTA網站下載「CTA Map Brochure」，Pace路線可利用網站📶www.pacebus.com 左側「Route Finder」，輸入地區關鍵字搜尋。

請注意：

1. 可上車現金購票，但無法找零，金額比使用票卡貴$0.25。

2. 從前門上車、刷卡，下車前記得拉鈴，車停後自行推開後門下車。

3. 車上有身障輪椅座位區，請勿占據。

CTA票卡資訊

■基本票卡

1. **Ventra新卡(New Ventra Card)**：票卡費$5，售票機、CVS、Walgreens、換匯所、網路皆可購買，是可儲值的硬式卡片(類似悠遊卡)，儲值時亦可選擇1、3、7或30日Pass加值，即可於首次啟用後於期間內無限搭乘。購票後90日內至官網📶ventrachicago.com登記，票卡費$5即可轉為儲值金。

2. **單次票(Single-Ride Ventra Ticket)**：卡費$3，唯獨從歐海爾機場購買為$5。啟用2小時內可享3次免費搭乘。

3. **1日票(1-Day Ventra Ticket)**：卡費$10，售票機皆可購買。可於1天內無限搭乘。

4. **3日票(3-Day Ventra Ticket)**：卡費$20，於兩大機場購票機販售。

■CTA票價表

(製表／林云也)

票種	費用(美元)
單次捷運刷票卡／歐海爾機場出發	2.50 / 5.0
單次公車刷票卡／直接投現	2.25 / 2.50
搭乘公車或捷運後轉乘 (刷卡後可享2小時內第2次轉乘免費)	0.25
Pay-As-You-Go (以感應式銀行卡付費或Ventra卡儲值金不足時)	2.50
1-Day / 3-Day / 7-Day CTA Pass	10.0 / 20.0 / 28.0
7-Day CTA / Pace Pass (含Pace公車)	33.0
30-Day CTA / Pace Pass (含Pace公車)	105.0
128號公車Soldier Field Express (來回)	5.0
Metra Link-up Pass (搭配Metra月票使用，於Metra販售，適用週間06:00～09:30與15:30～19:00)	55.0

*1. 資料時有異動，請依購票當下金額為準。

2. 另有大學生優惠卡U-Pass，小學與中學生優惠卡Student Ventra Cards，詳見www.transitchicago.com/fares。

■購票機使用方式

1. 一般的CTA購票機起始畫面如下，直接按下所需的票卡按鈕，再投入現金，或插入信用卡即可購票。

2. 若是使用Ventra儲值卡，當需要加值或利用Ventra卡購買3日、7日、30日Pass時，選擇「儲值／購買Pass」(Add Transit Value / Pass)，再依後續畫面選擇需要的種類、付款。之後就可刷票進站。

▲閘門機台呈現綠色為可刷卡通行，紅色是不可通行

Ventra App

這個App主要具有以下功能：

1. 進行Ventra卡餘額查詢和加值。
2. 查詢CTA、Pace、Metra到站時間。
3. 購買Metra車票。

🌐 www.ventrachicago.com/app

計程車

■透過App叫車

Arro、Curb是芝城市政府指定的叫車App，可以與1萬多名領有執照的計程車司機連線，既方便又有保障。其他如Uber、Via、Lfty也是常見的Taxi App。

Arro, Inc. 🌐 www.ridearro.com
Curb 🌐 gocurb.com

❓ 1. 上車前最好先自行確認路線。
2. 依據芝加哥市政府2016年1月1日公告：起跳價$3.25，之後每一英哩加$2.25，每36秒加$0.2。第二名乘客(13～64歲)加$1，第三名(13～64歲)以上各加$0.5。
3. 從機場出發或抵達機場，每台車加收$4。在車上嘔吐需付$50清潔費。
4. 接受現金與信用卡(但最好先向司機確認)；刷卡與載運行李皆無需額外付費。
5. 如服務佳，可加小費(約15～20%車資)。如態度不良(如邊開車邊使用手機)，可打市內電話311向市政府申訴(需記下計程車號碼)。
6. 2名以上乘客共乘，市區到歐海爾機場每人收費$24、從市區到中途機場每人收費$18、行駛兩大機場間每人$37。
7. 市區(downtown)定義最南為22街、最北為Fullerton Avenue、最西為Ashland Avenue、最東到密西根湖，McCromick Place展覽場亦包含在內。

■計程車行與特殊車行

習慣利用傳統車行者，可考慮Yellow Cab、Chicago Carriage Cab等。若需無障礙計程車，可洽詢Open Taxis。

Yellow Cab
🌐 yellowcabchicago.com
Chicago Carriage Cab
🌐 www.chicagocarriagecab.com
Open Taxis
🌐 opentaxis.com
☎ (855)928-1010

▲有些計程車行有特定的服務區域

Travel Information

224

火車

Amtrak ^{http} www.amtrak.com
Metra ^{http} www.metrarail.com

　搭乘Metra須注意，如果啟程站有人員售票或自動販售機，最好先購票再上車，否則在車上購票要另付一筆$5手續費。

■Metra購票資訊

1. **$10週末特惠票(Weekend Pass)**：週六、日無限次數單人使用。不適用於南灣線South Shore Line。

2. **10次票(10-Ride Ticket)**：可與他人共用。限期1年。

3. **月票(Monthly Pass)**：可在該月內於指定之乘車區間內無限次數單人使用。月票使用者另可購買CTA Line-up Pass。

4. **家庭票(Family Fares)**：成人可在週末與特定假日，攜帶最多3名11歲以下兒童免費同行。

5. **學生票(Student Fares)**：全職的小學生或高中生憑所要求的證件，可於Metra售票口以優惠價購買單程、10次票或月票。

6. **兒童週間票(Children's Weekday Fares)**：週一～五，7歲以下兒童可在成人陪伴

1、2.Metra為雙層車廂／3.Metra單程票卡

下免費搭乘(每名成人最多攜帶3名兒童)，7～11歲兒童則享有半價優惠。

特色交通工具

■獨木舟出租與遊河行程(Chicago Kayak River Tours & Rentals)

^{http} wateriders.com　　　　^{MAP} P.13-B1

✉ 500 North Kingsbury Street，在Kinzie Street橋東北角

$ 租賃第一個小時週間$25、週末$30。導覽行程大多兩小時起，成人$65、16歲以下$45

⁉ 會提供救生衣與行前教學，建議參加前斟酌體能與天候狀況

■賽格威芝加哥體驗 (Segway Experience of Chicago)

^{http} www.mysegwayexperience.com

✉ 224 South Michigan Avenue(位於鐵路交易大樓)

☎ (312)663-0600

$ 兩小時約$6　　　　^{MAP} P.12-B2

■芝加哥建築基金會遊河建築導覽
(CAF Architecture River Cruise)

🌐 www.cruisechicago.com　　　🗺 P.14-B3

✉ Chicago's First Lady購票亭：112 East Wacker Drive，位於密西根大道橋與威克大道東南交界。亦可於芝加哥建築中心和網路購票

📞 (847)358-1330

💲 Daytime Tour：$44.48，19:30之後Twilight Tour：$49.21。嬰兒、孩童都要持票

⁉ 遊河建築導覽服務約自4月中～11月中，全程90分鐘，出發前15分鐘登船，請提早抵達排隊

■芝加哥水上計程車
(Chicago Water Taxi)

🌐 www.chicagowatertaxi.com　　🗺 P.12-B1

✉ 停靠處有Michigan Avenue、River North、Ogilvie / Union、Chinatown、Goose Island等多處，詳情請見官網「Locations」

📞 (312)337-1446

💲 單程票：週間$5、週末與假日$9。1日票：週間$9、週末與假日$10，另有10次票與月票

⁉ 1.Wendella網站有Chicago Water Taxi專人導覽行程，憑券可享當日一次免費搭乘Water Taxi。🌐 www.wendellaboats.com
   2.春、秋兩季會公布新的營運時間，可於官網「Commuters」→「Schedule」查詢

自行車租賃

■Divvy Bikes公共自行車

🌐 www.divvybikes.com

✉ 於全市有近600個租車站(類似台北Ubike)

💲 單次(30分鐘)：$3。1日票(24小時內使用上限3小時)：$15。年票：$99

⁉ 1.可於Divvy機台或透過Divvy App購票，再於選擇的單車旁輸入ride code解鎖
   2.勿選亮紅燈的單車
   3.16歲以上才能租借單車，18歲以下需有成人陪伴

■Bike and Roll Chicago

🌐 www.bikechicago.com　　🗺 P.14-C1

✉ 於海軍碼頭入口、千禧公園自行車中心提供租車服務

💲 價格依車款和時間而異，可租1小時和全天

■Bobby's Bike Hike

🌐 www.bobbysbikehike.com　　🗺 P.14-C3

✉ 540 North Lake Shore Drive，於Lake Shore Drive與Ohio Street交界

💲 價格依車款和時間而異，可租4小時和全天

在芝加哥騎單車請留意：
1. 禮讓行人，遵守交通號誌。
2. 要騎在馬路上(與汽機車同方向)，不可上人行道。
3. 旅人最好找有提供安全帽的租車公司，較為安全。居住當地者，若會常使用Divvy，請自備安全帽。

汽車租賃

Enterprise http www.enterprise.com
Hertz http www.hertz.com
National http www.nationalcar.com

租用汽車時須攜帶有效的國際駕照或美國當地駕照。

駕車時請注意安全與遵守當地交通規則，比較重要的事項為：

1. 禮讓行人，遵守速限。
2. 遇到Stop Sign一定要停。
3. 若附近有警車或救護車鳴笛，一定要馬上靠邊停，直到警車或救護車通過為止。

消費與購物
SHOPPING

貨幣

美元，匯兌約為1美元兌換30元新台幣(時有異動，此為參考匯率)。

貨幣兌換商店
Currency Exchange Store

主要提供匯兌、支票換現金、大鈔換零錢、販售CTA票卡等服務。於機場、湯普森中心亦有櫃檯。如使用美國運通旅行支票，可直接到一般銀行兌換現金。

http www.mycurrencyexchange.com

芝加哥銷售稅

銷售稅項目繁雜，2018年一般商品為10.25%(含州政府稅金、市政府稅金等)，超市食品為2.25%，汽水類總稅約40%(1罐$2.49汽水加稅後為$3.49)。瓶裝水除2.25%外，每瓶要加收$0.05，添加氣味的無糖氣泡水可能以13.25%計算。餐廳用餐稅額為10.75%。外國人無免稅優惠。

小費

用餐小費為中餐(以未稅價格計算)10～15%，晚餐(以未稅價格計算)15%以上，但也可依服務品質決定小費多寡。

旅館小費為1美元起。計程車不一定要給小費，但若有提供搬運行李的服務則約$1～3。

超市

超市品牌

較為常見的食品超市有Trader Joe's、Mariano's、Jewel-Osco、Aldi、Whole Foods等。CVS與Walgreens為藥妝店兼售食物(類似超商)。Target為藥妝、衣服、生活百貨和超市合一的商場。路普西區的H Mart是韓國超市，中華超市通常在華人聚集的地區，如唐人街有Richwell Market等，日本超市以位於西北郊的Mitsuwa最為老牌。

超市買什麼

1. 旅途餐點：到超市買食物可節省旅費，若沒有廚具，麵包、季節水果、沙拉、堅果、優格等是最方便的選擇。許多超市也有熟食區。

2. 甜食餅乾：冰淇淋、洋芋片、巧克力等選擇多樣，也比台灣售價相對便宜。

3. 送禮自用：有些超市如Trader Joe's和Whole Foods裡有不少特殊品牌的醬料或美妝用品。咖啡豆或堅果、果乾也是好攜帶的商品。

4. 藥妝用品：如維他命等保健食品。

旅行小抄

簡易酪梨優格食譜

這是只要有刀子、大湯匙和杯子(寬口較方便)就能製作的早餐。把酪梨剖開挖出3匙放杯中，再加入3匙優格(多些也無妨)，用湯匙擠壓將兩者混合均勻，最後再撒上堅果就完成了。

日常生活資訊
Living Information

時差

芝加哥位於美國的中部時區(Central Time Zone，GMT-06:00)，日光節約時間(Daylight Saving Time，由3月第二個週日凌晨02:00起至11月第一個週日凌晨02:00止)與台灣時差為13個小時，其餘時間與台灣時差為14小時。

例如，芝加哥8月8日09:00就是台灣時間8月8日22:00，1月12日09:00就是台灣時間1月12日23:00。

氣候

芝加哥冬季最低溫可達攝氏-33度(1月最冷)，夏季最高溫可達攝氏40度(7月最熱)。下雪時段從10月底至5月初。春、秋兩季旅遊時仍需要準備毛衣與大衣禦寒。

月分	最高均溫(℃)	最低均溫(℃)
1	-1.6	-10.5
2	1.1	-8.3
3	7.7	-1.6
4	15	3.8
5	21.1	8.9
6	26.6	14.4
7	28.9	17.2
8	27.8	17.2
9	23.9	12.2
10	17.2	5.6
11	8.9	0
12	1.1	-7.2

電話使用

室內電話與公共電話

撥號對象	美國內碼+	區域號碼+	電話號碼
芝加哥市打芝加哥市	免撥	免撥	XXX XXXX(7碼)
芝加哥市打其他地區(包含跨州)	1	XXX(3碼)	XXX XXXX(7碼)
其他地區打芝加哥市	1	312	XXX XXXX(7碼)

手機

撥號對象	美國內碼+	區域號碼+	電話號碼
任何城市、地區	1	XXX(3碼)	XXX XXXX(7碼)

國際電話

撥號對象	國際電話碼+	美國內碼+	區域號碼+	電話號碼
芝加哥打台灣市話	011	886	將台灣區域碼前的0去掉，例如台北撥2，高雄撥7	XXX XXXX (7或8碼)
芝加哥打台灣手機	011	886	-	XXX XXX XXX (9碼去0)
台灣打芝加哥或其他美國城市	002／012等	1	XXX(3碼)	XXX XXXX(7碼)

由美國打國際電話回台灣的方式為011＋886＋台灣區域號碼(去掉0)＋電話號碼，以打到太雅出版社(02)2882-0755為例：011-886-2-2882-0755。打台灣行動電話為011＋886＋手機號碼(去掉0)，以0933-111111為例：011-886-933-111111。

使用公共電話或室內電話撥打美國國內電話，若為相同區碼area code則以在地價格(Local Call)計算，若不同則是長途電話(Long Distance Call)。撥打長途電話時為1＋區碼＋電話號碼，以打到駐芝加哥台北經濟文化辦事處為例，若為跨區長途電話則須撥：1-312-616-0100，若為同區則是撥：616-0100。

行動網卡

出國前先至行動網卡公司購買(也可比較電信業者的方案)，單人使用可選網卡(SIM卡，會有一組當地的電話號碼)，多人共用可選WiFi分享器。可在網路直接訂購適合的方案，若不確認，可直接洽詢業者，只要告知旅遊地點、日期與使用需求即可。SIM卡隨身帶上機，離開台灣後就可換，下機後如需聯絡親友便可馬上使用。

翔翼通訊
🔗 www.aeromobil.com
❓ 抵達當地如使用有問題，可E-mail聯絡客服

美國行動電話公司

T-Mobile 🔗 www.t-mobile.com
AT&T 🔗 www.att.com
U.S. Cellular 🔗 www.uscellular.com

如欲申辦美國行動電話，可以先上網查詢就近的營業處位置。

急用電話

- 緊急報警或疾病求助電話 ☎ 911
- 非緊急洽警 ☎ 311
- 駐芝加哥台北經濟文化辦事處緊急連絡
  ☎ (312)636-4758
- 西北大學紀念醫院
  (Northwestern Memorial Hospital)
  ☎ (312)926-5188

度衡量(英制)

- 1吋(inch)＝2.54公分
- 1呎(foot)＝30.48公分
- 1碼(yard)＝0.914公尺
- 1哩(mile)＝1.609公里
- 1加侖(gallon)＝3.785公升
- 1磅(pound)＝0.454公斤

電器使用

110伏特，與台灣相同。

地址辨識

芝加哥市街的地址標示系統以State
Street(0 West／0 East)和Madison Street
(0 North／0 South)為起始點。偶數號在每
條街的西側或北側，奇數號在每條街的東
側或南側。

旅行安全

無論是隻身或多人同行，隨時留意身邊
狀況是必要的。建議穿著保持低調，至百
貨公司購物後另外自備不透明袋子，避免
太過顯露(尤其若會搭乘公共交通工具)。
隨時手護行李或提包，帶有相機者進捷運
站前先收起來(不要讓人一眼看出是觀光
客)，遇行乞者儘量避免搭理。入夜後往人
多處活動，如需協助，可求助路人、商家、
捷運站員或路邊警察，或手機撥打911。校
園內有緊急緊鈴可利用。

旅遊網站推薦

- **Choose Chicago(旅遊綜合)**
  http www.choosechicago.com
- **TimeOut Chicago(旅館綜合)**
  http www.timeout.com/chicago
- **Eater Chicago(美食報導)**
  http chicago.eater.com

旅遊書與雜誌推薦

Where Chicago

可於機場旅遊資
訊櫃檯免費拿取，內
有當月最新活動資訊
等，值得參考。

英文旅遊書籍

若是長期停
留，很建議再
找本英文旅遊
專書，尋找更
多旅遊資訊。

實用App

■ The Weather Channel

提供天氣預測與雷達圖，每天出門必看。

■ Google Maps

可先下載離線地圖或標記點位。

■ My Chi Parks

專門提供芝城大小公園的日夜活動資訊。

洗手間

捷運站一般不會有洗手間，可至百貨公司、餐廳、三明治店、Target、麥當勞、火車站、圖書館、校園活動中心，或是利用博物館、美術館等景點。

郵局

■ 美國郵政 (United States Postal Service)

http www.usps.com

湯普森中心、芝加哥美國聯邦政府中心、綠／粉紅線Clinton站旁、商品市場、漢卡克大樓地下1樓、伊利諾理工學院學生活動中心都有郵局。寄明信片到他國1張$1.15。

報紙

芝加哥當地兩大報為《論壇報》(Chicago Tribune)與《太陽時報》(Chicago Sun-Times)。

習俗與禁忌

無特殊習俗與禁忌，但請注意禮讓、不大聲喧嘩等生活禮儀。

省錢小幫手

Chicago CityPASS

適用景點：一張票適用於五大景點，包括菲爾德博物館、雪德水族館、Skydeck觀景臺、艾德勒天文館或藝術學院美術館二選一、科學與工業博物館或360 Chicago觀景臺二選一。

http www.citypass.com/chicago

💲 成人$106，3～11歲$89，約可省下正常票價51%的費用

ℹ️ 期限為首次使用9天內；持有票券者可以無須排隊購票入場

Go Chicago Card

適用景點：包括重要博物館、觀景臺、動物園、萊特羅比之家與橡樹園Home & Studio導覽、建築基金會遊河導覽、Trolley Tour等25處景點與行程。

http www.gochicagocard.com

💲 分為1、2、3、5日不同行程，約可省下正常票價45%的費用

折價券

遊客中心、旅館、百貨公司提供的免費旅遊手冊內常附有折價券；Metra車站也有提供Fun-Savers Coupons。

231

折扣季

學期開學前有Back to School Sale、感恩節有Black Friday Sale、年底也有Final Sale等。

常用會話

■問路

不好意思。我想去芝加哥文化中心，請問該怎麼走？

Excuse me. I would like to go to Chicago Culture Center, would you please show me the direction?

■借用洗手間

不好意思。請問可以借用洗手間嗎？

Excuse me. May I use your rest room?

■換零錢

不好意思。我想要換零錢。

Excuse me. Could I get some change?

■點餐

我要內用／外帶一份三明治和咖啡，謝謝！

I would like to have sandwich and coffee for here／to go, thank you.

■購票

您好！我想要兩張往瑞柏市的來回火車票。

Hello, two round-trip tickets to Naperville, please.

您好！請問今日球賽的最低票價是多少？我想買兩張，使用刷卡付款。

Hi, could you please tell me how much is the lowest-price ticket for today's game? I would like to buy two and pay with credit card.

■購物

這雙鞋不合我的腳，我可以試試更大／更小的尺寸嗎？

This pair of shoes doesn't fit me. Can I try on some bigger / smaller ones?

這件襯衫是要送朋友的禮物。可以請你放在禮物盒裡嗎？感謝！

This shirt is a gift for my friend. Could you please put it in a gift box? Thanks a lot!

假日與節慶
HOLIDAY & FESTIVALS

一般公定假日為元旦(New Year's Day)、陣亡將士紀念日(Memorial Day，5月的最後一個週一)、國慶日(4th of July)、勞動節(Labor Day，9月第一個週一)、感恩節(Thanksgiving Day，11月第四個週四)、聖誕節(Christmas Day)。

(製表／林云也)

月分／名稱		地點	時間
一、二月			
Snow Days Chicago	芝加哥雪祭	海軍碼頭	1月下旬或2月初
Chicago Auto Show	芝加哥車展	McCormick Place	2月中旬
三月			
St. Patrick's Day Parade	聖派翠克節遊行	Columbus Drive (介於Balbo與Monroe之間)	3月17日之前的週六10:00染河，12:00開始遊行
四月			
Tulip Days	鬱金香節	密西根大道沿途	4月中到5月底
五月			
Kids & Kites Festival	兒童風箏節	Montrose Harbor	5月第一個週六(10:00～16:00)
Farmers Market	農產市集	全市	5～10月
Polish Constitution Day Parade	波蘭創立日遊行	Columbus Drive (介於Balbo與Monroe之間)	5月第一個週六11:30開始
Cinco de Mayo Parade	墨西哥5月節遊行	Cermak Rd.(介於Wood Street到Kedzie)	5月第一或第二個週日12:00開始
Memorial Day Parade	陣亡將士紀念日遊行	State Street (介於Lake 與Van Buren之間)	5月最後一個週一前的週六12:00開始
Bike the Drive	湖濱大道漫騎日	湖濱大道 (介於Hollywood與57街)	5月最後一個週日(05:30～10:15)
Millennium Park Music Series	千禧公園音樂節	千禧公園	5月底～8月底
六月			
Ravinia Festival	拉維尼亞音樂祭	拉維尼亞公園	6～9月
Chicago Blues Festival	藍調音樂祭	千禧公園	6月上旬
Chicago Gospel Music Festival	福音音樂祭	市區不同場地(包括文化中心)	6月下旬
Bike To Work Rally	單騎上班日	戴利中心	6月第三個週五
Printer's Row Lit Fest	印刷大道書展	印刷大道	6月第一或第二個週末(10:00～18:00)
Old Town Art Fair	舊城藝術節	舊城	6月第二個週末(10:00～18:00)
Wells Street Art Festival	威爾斯街藝術祭	威爾斯街(介於Division與North Avenue)	6月第二個週末
Pride Parade	同志遊行日	Halsted Street，介於Addison與Grace Street	6月中下旬週末
Gold Coast Art Fair	黃金海岸藝術祭	格蘭特公園	6月最後一個週末
Chicago SummerDance	夏季熱舞節	格蘭特公園	6月底～8月底

七月			
African-Caribbean International Festival of Life	生命節	Union Park	7月4日週末間
Naperville Ribfest	瑞柏市肋排節	瑞柏市	7月4日週末間
Chinatown Summer Fair	唐人街夏日祭	唐人街	7月中旬的週日
Taste of Chicago	芝加哥美食節	格蘭特公園	7月中旬持續5天
Intelligentsia Cup	知識分子盃自由車賽	全市	7月中下旬
八月			
Chicago Air & Water Show	航空與水上特技秀	North Avenue Beach	8月第三個週末10:00開始
Viva! Chicago Latin Music Festival	拉丁音樂祭	格蘭特公園	8月最後一個週末11:30開始
Chicago Triathlon	芝加哥鐵人三項	市區	8月最後一個週末
九月			
Chicago Jazz Festival	爵士音樂祭	格蘭特公園、千禧公園、文化中心	8月底或9月初
German-American Festival	德裔慶典	Lincoln Spuare	9月第一個週五～日
Mexican Independence Day Parade	墨西哥獨立紀念日遊行	Columbus Drive (介於Balbo與Monroe之間)	9月第二個週六12:00開始
World Music Festival Chicago	世界音樂祭	全市	9月第二個週五至下旬
十月			
Chicago Marathon	芝加哥馬拉松	市區	10月第二個週日07:30開始
Columbus Day Parade	哥倫布發現新大陸紀念遊行	State Street(介於Lake與Van Buran Street之間)	10月第二個週一12:30開始
North Halsted Halloween Parade	North Halsted萬聖節遊行	Halsted Street (介於Belmont與Addison Street間)	10月31日19:30開始
十一月			
Holiday Windows at Macy's	梅西百貨公司歲末櫥窗秀	梅西百貨公司State Street	11～12月底
Magnificent Mile Lights Festival & Parade	曼麗芬大道歲末點燈遊行	曼麗芬大道(介於Oak Street與芝加哥河間)	感恩節前一個週五和週六
McDonald's Thanksgiving Parade	麥當勞感恩節遊行	State Street (介於Congress與Randolph之間)	感恩節當天08:00～11:00
Daley Plaza Santa's House	戴利廣場聖誕老人屋	戴利中心	12月24日前一個月起
Christmas Tree Lighting Ceremony	聖誕樹點燈儀式	戴利中心	11月底
CTA Holiday Bus & Train	CTA公車與捷運歲末裝飾	CTA車輛與車廂	11月底～12月底
十二月			
ZooLight & Holiday Magic Nights	動物園點燈節	林肯公園動物園與布魯克菲德動物園	12月初～1月初
New Year's Eve Fireworks at Buckingham Fountain	除夕煙火秀	格蘭特公園	12月31日

* 資料時有異動，出發前請先查詢確認

1.3月聖派翠克節遊行(圖片提供© City of Chicago-GRC)／**2.**6月千禧公園福音音樂祭(圖片提供© City of Chicago-GRC)／**3.**7月芝加哥美食節(圖片提供© City of Chicago-GRC)／**4.**8月航空與水上特技秀(圖片提供© City of Chicago-GRC)／**5.**9月爵士音樂祭(圖片提供© City of Chicago-GRC)／**6.**10月芝加哥馬拉松

行 李 清 單
TRAVEL PACKING CHECKLIST

　　你可以先擬好自己所需的行李清單，或是利用以下表格，確認重要物品都已備妥。打包完成，接下來就等待登機出發的那一刻囉！

(製表／林云也)

隨身行李		託運行李	
√	物品	√	物品
	護照(出發日起6個月有效期)		換洗衣物(外出服、內睡衣、襪子、手帕等。外出服採洋蔥式配搭)
	ESTA申請核准通知頁面(截圖存手機)		保養品、化妝品、衛生用品、刮鬍刀等
	入學通知單、工作許可證、國際駕照		好走的外出鞋、雨傘、帽子
	重要證件備份影本、大頭照		各電器用品充電線
	手機與充電線、網卡、網路分享器		個人餐具(湯匙、叉子、塑膠刀)
	相機、筆電、平板電腦		個人藥品(感冒藥、胃腸藥等)
	旅館訂房資訊(截圖存手機，含地址與電話)		輕便的維他命包
	個人用品(外套、口罩、牙刷、小條牙膏、護唇膏、隨行杯、輕便拖鞋、太陽眼鏡、喉糖、筆等)		外出購物袋、折疊式旅行袋、換洗衣物包裝袋
	小面額美金($10、$20)、信用卡、旅行支票		致贈親友的禮物
	旅遊書、地圖		就學或出差工作所需用品

*1. 攜帶隨行杯，可免去買水開銷；超市購買即時食品(如優格、沙拉)，有個人餐具就能馬上享用，方便又環保。
　2. 打算至高級餐廳用餐，請準備一套正式服裝。

救命小紙條

可將下表影印，以中文或英文填寫，並妥善保管隨身攜帶！

個人緊急聯絡卡
Personal Emergency Contact Information

姓名Name：

年齡Age：

血型Blood Type：

宿疾Exiting Physical Problem：

過敏藥物Medicine that Causes Allergy：

護照號碼Passport No：

信用卡號碼Credit Card No：

緊急連絡人Emergency Contact (1)：

聯絡電話Tel：

聯絡地址Address：

緊急連絡人Emergency Contact (2)：

聯絡電話Tel：

聯絡地址Address：

臺灣地址Home Add：

投宿旅館Hotel Add：

旅館電話Hotel Tel：

其他備註：

芝加哥救命電話隨身帶

緊急報警 **911**

非緊急洽警 **311**

24小時急難救助電話

011-886-800-085-095

打電話回台灣

打市話：011＋886＋區域號碼(去掉0)＋電話號碼
打手機：011＋886＋電話號碼(去掉0)

駐芝加哥台北經濟文化辦事處
(Taipei Economic and Culture Office in Chicago)

✉ 55 West Wacker Drive, Suite 1200

📞 總機(312)616-0100，護照(312)297-1301
緊急聯絡(312)636-4758

🌐 www.taiwanembassy.org/usch

🕐 週一～五09:00～17:00

休 週末、美國聯邦假日、10/10、農曆初一

➡ 捷運Clark站。出站沿LaSalle Street往北走至
Wacker Drive右轉，辦事處位於Wacker Drive與
Dearborn Street交界

MAP P.13-C1

個人旅行 *74*

芝加哥（最新版）

附：芝加哥大學、西北大學、伊利諾理工學院、聖母大學

作　　　者	林云也
總 編 輯	張芳玲
發想企劃	taiya旅遊研究室
編輯室主任	張焙宜
企畫編輯	劉育孜
修訂編輯	林云也、鄧鈺澐
封面設計	林惠群
美術設計	林惠群
地圖繪製	林惠群

國家圖書館出版品預行編目資料

芝加哥／林云也 作 . 一四版 .
一臺北市：太雅，2019.01
面； 公分 . 一（個人旅行；74）
ISBN　978-986-336-284-5　（平裝）
1.自助旅行　　2.美國芝加哥
752.74319　　　　　　　107018916

太雅出版社
TEL：(02)2882-0755　FAX：(02)2882-1500
E-MAIL：taiya@morningstar.com.tw
郵政信箱：台北市郵政53-1291號信箱
太雅網址：http://taiya.morningstar.com.tw
購書網址：http://www.morningstar.com.tw
讀者專線：(04)2359-5819 分機230

出 版 者　太雅出版有限公司
　　　　　台北市11167劍潭路13號2樓
　　　　　行政院新聞局局版台業字第五○○四號

總 經 銷　知己圖書股份有限公司
　　　　　106台北市辛亥路一段30號9樓
　　　　　TEL：(02)2367-2044／2367-2047　FAX：(02)2363-5741
　　　　　407台中市西屯區工業30路1號
　　　　　TEL：(04)2359-5819　FAX：(04)2359-5493
　　　　　E-mail：service@morningstar.com.tw
　　　　　網路書店：http://www.morningstar.com.tw

郵政劃撥　15060393 (知己圖書股份有限公司)

法律顧問　陳思成律師

印　　刷　上好印刷股份有限公司　TEL：(04)2315-0280
裝　　訂　大和精緻製訂股份有限公司　TEL：(04)2311-0221

四　　版　西元2019年01月10日
定　　價　390元
(本書如有破損或缺頁，退換書請寄至：台中市工業30路1號　太雅出版倉儲部收)

ISBN　ISBN 978-986-336-284-5
Published by TAIYA Publishing Co.,Ltd.
Printed in Taiwan

編輯室：本書內容為作者實地採訪的資料，書本發行後，開放時間、服務內容、票價費用、商店餐廳營業狀況等，均有變動的可能，建議讀者多利用書中的網址查詢最新的資訊，也歡迎實地旅行或是當地居住的讀者，不吝提供最新資訊，以幫助我們下一次的增修。聯絡信箱：taiya@morningstar.com.tw

填線上回函，送"好禮"

感謝你購買太雅旅遊書籍！填寫線上讀者回函，好康多多，並可收到太雅電子報、新書及講座資訊。

每單數月抽10位，送珍藏版
「祝福徽章」

方法：掃QR Code，填寫線上讀者回函，就有機會獲得珍藏版祝福徽章一份。

填修訂情報，就送精選
「好書一本」

方法：填寫線上讀者回函，並提供使用本書後的修訂情報，經查證無誤，就送太雅精選好書一本 (書單詳見回函網站)。

＊同時享有「好康1」的抽獎機會

芝加哥(最新版)

t.cn/ELRRbmh

＊「好康1」及「好康2」的獲獎名單，我們會於每單數月的10日公布於太雅部落格與太雅愛看書粉絲團。

＊活動內容請依回函網站為準。太雅出版社保留活動修改、變更、終止之權利。

太雅部落格 http://taiya.morningstar.com.tw

有行動力的旅行，從太雅出版社開始